본 교재는 총 25개의 장으로 구성되었으며 그 중 1장~24장은 각 장마다 마우스 교실, 키보드 교실, 종합활동 등으로 분류됩니다.
마지막 25장은 칠교놀이에 사용되는 **문제**를 수록하였습니다.

마우스 교실

그림판에서 연습예제 파일을
이용하여 예쁘게 색칠합니다.

종합활동

다양한 놀이식 학습으로
두뇌 발달을 돕습니다.

키보드 교실

한컴 타자연습 프로그램을 이용하여
키보드 자판 연습을 합니다.

렉스미디어 자료 다운로드 방법

1 렉스미디어 홈페이지(http://rexmedia.net)에 접속한 후 **[자료실]**–**[대용량 자료실]**을 클릭합니다.

2 렉스미디어 자료실 페이지가 표시되면 **[특강교재]**를 클릭합니다.

3 특강교재 관련 페이지가 표시되면 **[영재스쿨.exe]** 파일을 클릭합니다.

4 파일 다운로드에 관한 대화상자가 화면 아래쪽에 표시되면 [실행] 단추를 클릭합니다.

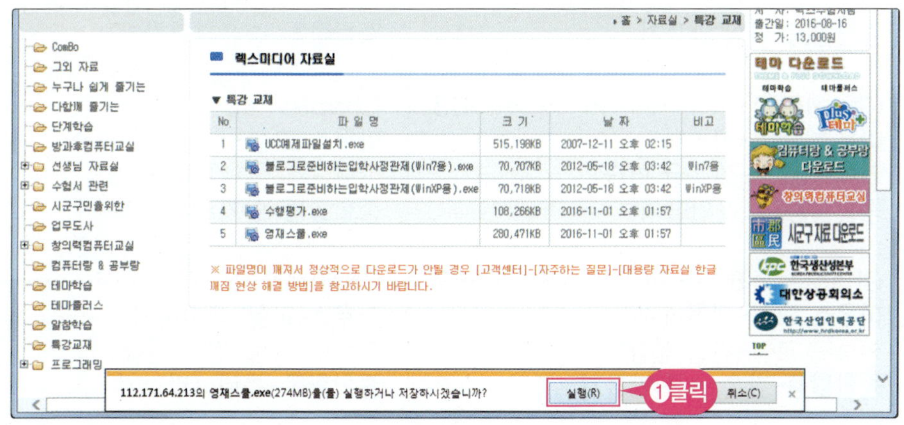

5 설치 과정의 진행이 모두 완료되면 [로컬 디스크(C:)] 드라이브에 [영재스쿨] 폴더가 자동으로 생성됩니다.

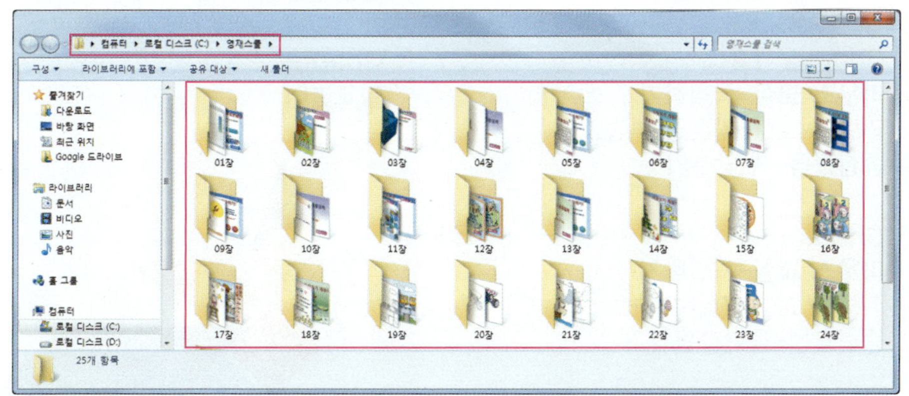

Tip

영재스쿨.exe 파일의 정상적인 파일이 아닌 것으로 의심되는 메시지가 표시되는 경우 [작업] 단추를 클릭한 후 [SmartScreen 필터] 대화상자에서 [기타 옵션]을 클릭한 다음 [실행]을 클릭하면 설치 과정을 정상적으로 진행할 수 있습니다.

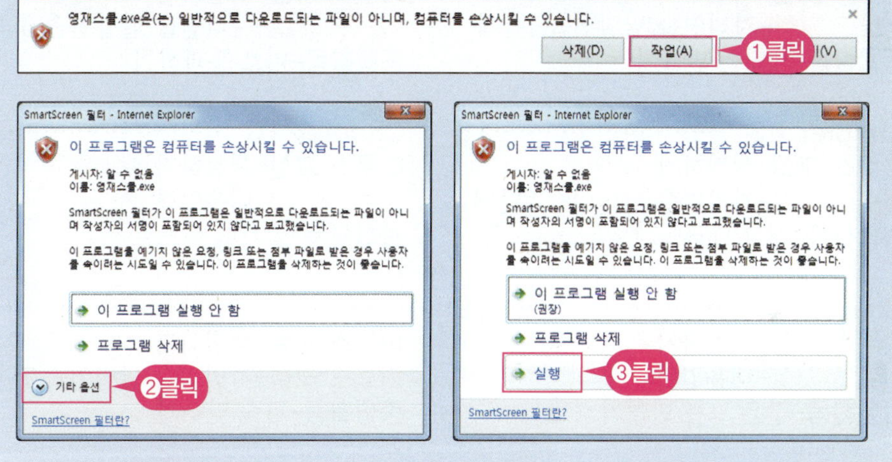

이 책의 차례

Chapter 01 ·········· 5
마우스 교실-마우스의 기능/기능 맞추기
키보드 교실-키보드의 구성 /구성 맞추기
종합활동-대칭 그림 그리기

Chapter 02 ·········· 11
마우스 교실-색칠하기
키보드 교실-자리연습/낱말연습 1단계
종합활동-세탁기 만들기

Chapter 03 ·········· 15
마우스 교실-색칠하기
키보드 교실-자리연습/낱말연습 2단계
종합활동-레고 Digital Desinger

Chapter 04 ·········· 19
마우스 교실-색칠하기
키보드 교실-내용입력
종합활동-같은 그룹 만들기

Chapter 05 ·········· 23
마우스 교실-색칠하기
키보드 교실-자리연습/낱말연습 3단계
종합활동-미로 통과하기

Chapter 06 ·········· 27
마우스 교실-색칠하기
키보드 교실-자리연습/낱말연습 4단계
종합활동-끝말잇기게임

Chapter 07 ·········· 31
마우스 교실-색칠하기
키보드 교실-내용입력
종합활동-퍼즐 맞추기

Chapter 08 ·········· 35
마우스 교실-색칠하기
키보드 교실-자리연습/낱말연습 5단계
종합활동-첫말잇기게임

Chapter 09 ·········· 39
마우스 교실-색칠하기
키보드 교실-자리연습/낱말연습 6단계
종합활동-미로 통과하기

Chapter 10 ·········· 43
마우스 교실-색칠하기
키보드 교실-내용입력
종합활동-암기력 테스트

Chapter 11 ·········· 47
마우스 교실-색칠하기
키보드 교실-자리연습/낱말연습 7단계
종합활동-퍼즐 맞추기

Chapter 12 ·········· 51
마우스 교실-색칠하기
키보드 교실-자리연습/낱말연습 8단계
종합활동-캠핑장 만들기

Chapter 13 ·········· 55
마우스 교실-색칠하기
키보드 교실-내용입력
종합활동-미로 통과하기

Chapter 14 ·········· 59
마우스 교실-색칠하기
키보드 교실-타자게임1(놀이)
종합활동-단어 만들기

Chapter 15 ·········· 63
마우스 교실-색칠하기
키보드 교실-짧은글 연습1
종합활동-미로 만들기

Chapter 16 ·········· 67
마우스 교실-색칠하기
키보드 교실-긴글 연습1
종합활동-같은 그룹 만들기

Chapter 17 ·········· 73
마우스 교실-색칠하기
키보드 교실-타자게임2(놀이)
종합활동-숨은그림찾기

Chapter 18 ·········· 77
마우스 교실-색칠하기
키보드 교실-짧은글 연습2
종합활동-색 맞추기

Chapter 19 ·········· 81
마우스 교실-색칠하기
키보드 교실-긴글 연습2
종합활동-틀린그림찾기

Chapter 20 ·········· 85
마우스 교실-색칠하기
키보드 교실-타자게임3(놀이)
종합활동-항구만들기

Chapter 21 ·········· 89
마우스 교실-색칠하기
키보드 교실-짧은글 연습3
종합활동-숨은그림찾기

Chapter 22 ·········· 93
마우스 교실-색칠하기
키보드 교실-긴글 연습3
종합활동-암기력 테스트

Chapter 23 ·········· 97
마우스 교실-색칠하기
키보드 교실-긴글 연습4
종합활동-틀린그림찾기

Chapter 24 ·········· 101
마우스 교실-색칠하기
키보드 교실-긴글 연습5
종합활동-국가별 요리 찾기

Chapter 25 ·········· 105
칠교놀이

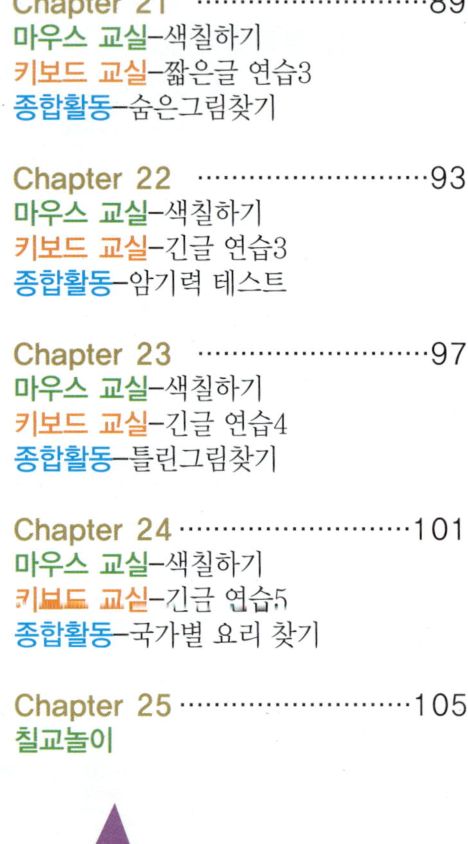

CHAPTER 01

마우스 교실–마우스의 기능

마우스 교실–마우스 기능 맞추기

키보드 교실–키보드의 구성

키보드 교실–키보드 구성 맞추기

종합활동–대칭 그림 그리기

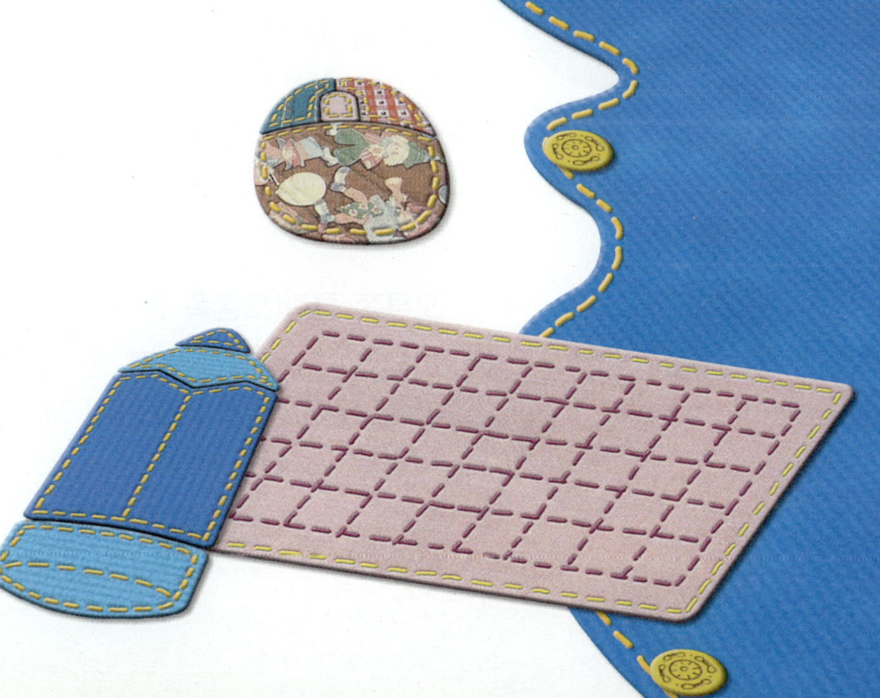

학습 날짜	선생님 확인	부모님 확인
월 일		

마우스 교실

마우스는 모양이 쥐(Mouse)와 비슷하다고 해서 붙여진 이름으로 왼쪽과 오른쪽, 두 개의 단추가 있습니다. 마우스의 왼쪽 단추는 검지, 오른쪽 단추는 중지에 올려놓고 다른 손가락으로는 마우스를 감싸듯이 잡으면 됩니다. 그럼, 지금부터 마우스의 사용법에 대해 알아보겠습니다.

클릭(한 번 누르기)

마우스 왼쪽 단추를 한 번 누르는 동작으로 메뉴, 창, 대화상자, 아이콘 등을 선택하거나 시작 메뉴에 있는 프로그램을 실행할 때 사용합니다.

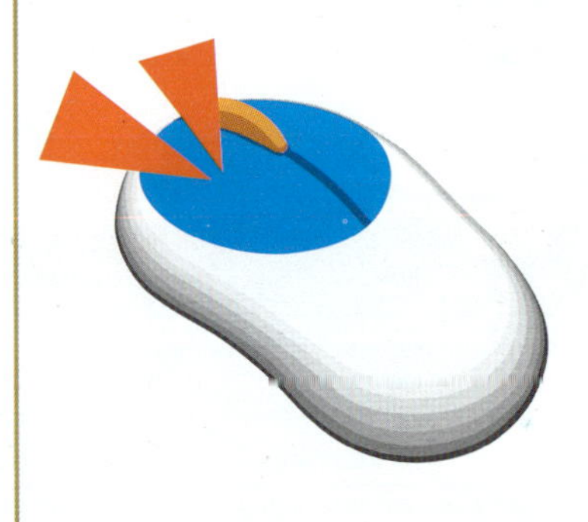

더블클릭(두 번 누르기)

마우스 왼쪽 단추를 연속으로 두 번 누르는 동작으로 프로그램을 실행할 때 사용합니다.

드래그(누른 상태에서 끌기)

마우스 왼쪽 단추를 누른 상태에서 끄는 동작으로 창, 대화상자, 아이콘 등을 이동할 때 사용합니다.

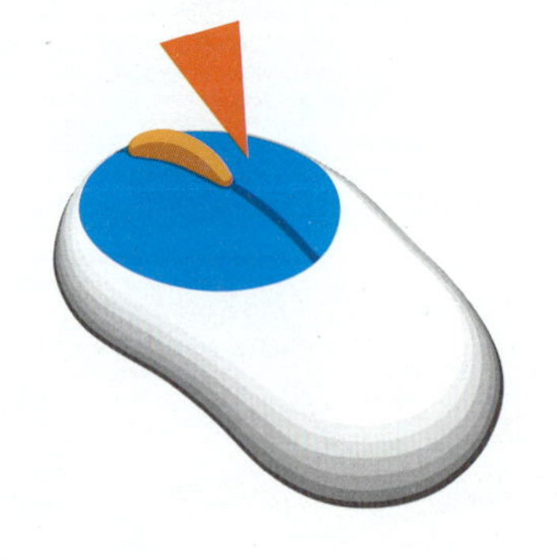

오른쪽 클릭(오른쪽 한 번 누르기)

마우스 오른쪽 단추를 한 번 누르는 동작으로 바로 가기 메뉴를 나타낼 때 사용합니다.

01 마우스 교실

파일 경로 : 01장₩마우스문제.ppsx

마우스문제 파일을 열고 마우스에 관련된 문제 내용을 읽은 다음 화면에 표시된 보기 단추를 눌러 정답을 맞춰 보세요.

01 키보드 교실

키보드의 구성과 주요 기능키에 대해 알아보겠습니다.

Esc 이에스씨 : 명령 취소

Shift 시프트 : 다른키와 같이쓰는 조합키

한자 한자 : 한자로 변경

Enter 엔터 : 명령실행/다음줄 이동

Delete 딜리트 : 삭제

PageUp 페이지업 : 페이지 위로 올림

Tab 탭 : 8칸 이동

Ctrl 컨트롤 : 다른키와 같이쓰는 조합키

SpaceBar 스페이스바 : 빈 칸 입력

← 백스페이스 : 왼쪽 글자 지움

Home 홈 : 처음 이동

PageDown 페이지다운 : 페이지 아래로 내림

CapsLock 캡스록 : 대/소문자 전환

Alt 알트 : 다른키와 같이쓰는 조합키

한/영 한영 : 한글과 영문 서로 전환

Insert 인서트 : 삽입/수정 상태 전환

End 엔드 : 끝 이동

NumLock 넘록 : 숫자/방향키 전환

키 보 드 교 실

파일 경로 : 01장₩키보드문제.ppsx

키보드문제 파일을 열고 화면에 표시된 키보드의 키에 해당하는 보기 단추를 눌러 문제를 맞춰 보세요.

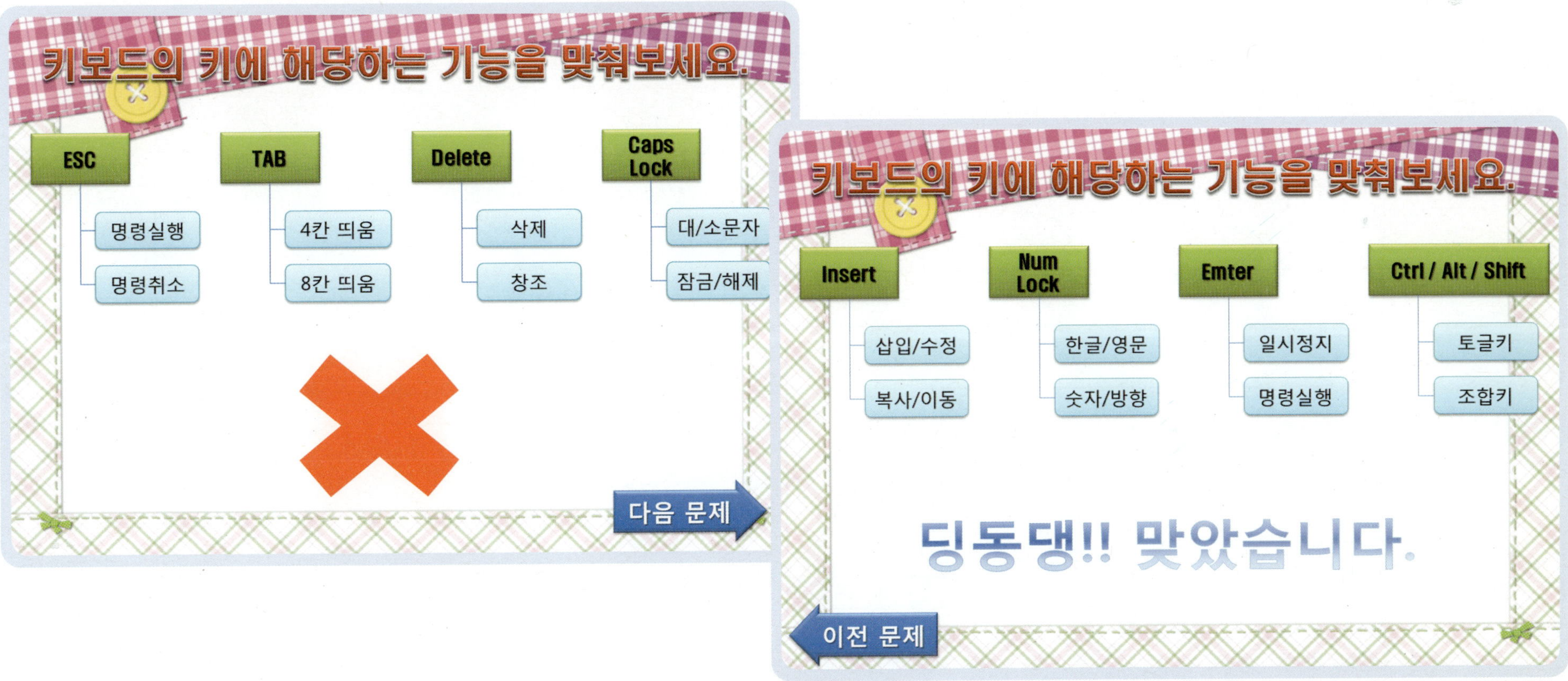

키보드의 키에 해당하는 기능을 맞춰보세요.

키보드의 키에 해당하는 기능을 맞춰보세요.

종합활동

왼쪽과 같은 위치에 대칭 모양으로 오른쪽에 똑같이 그림을 그려보세요.

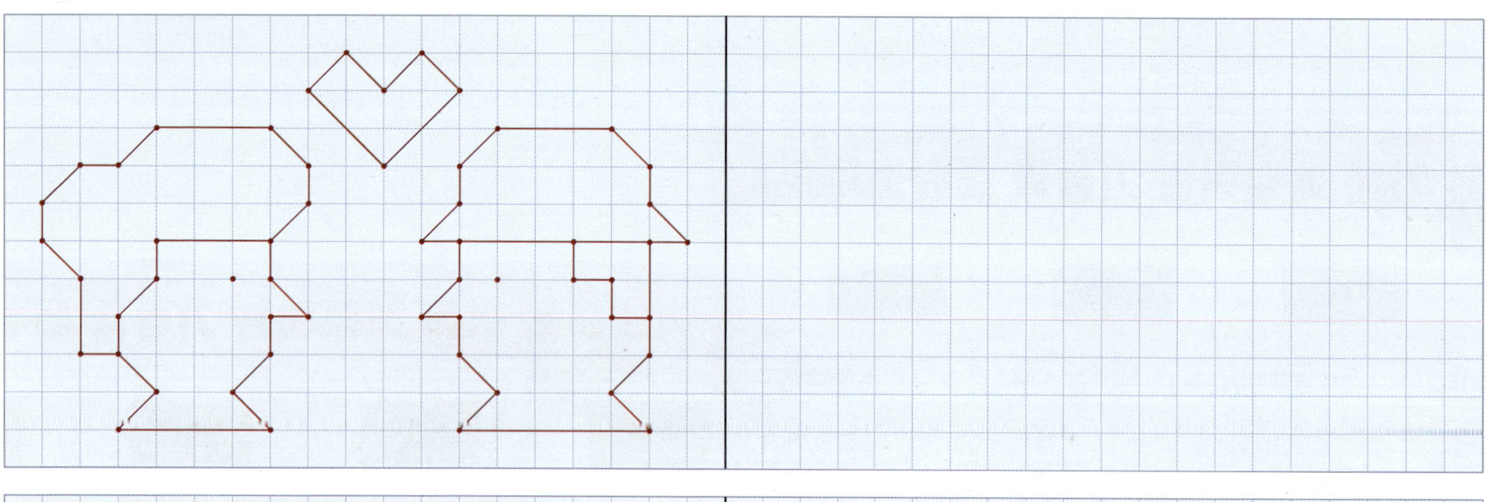

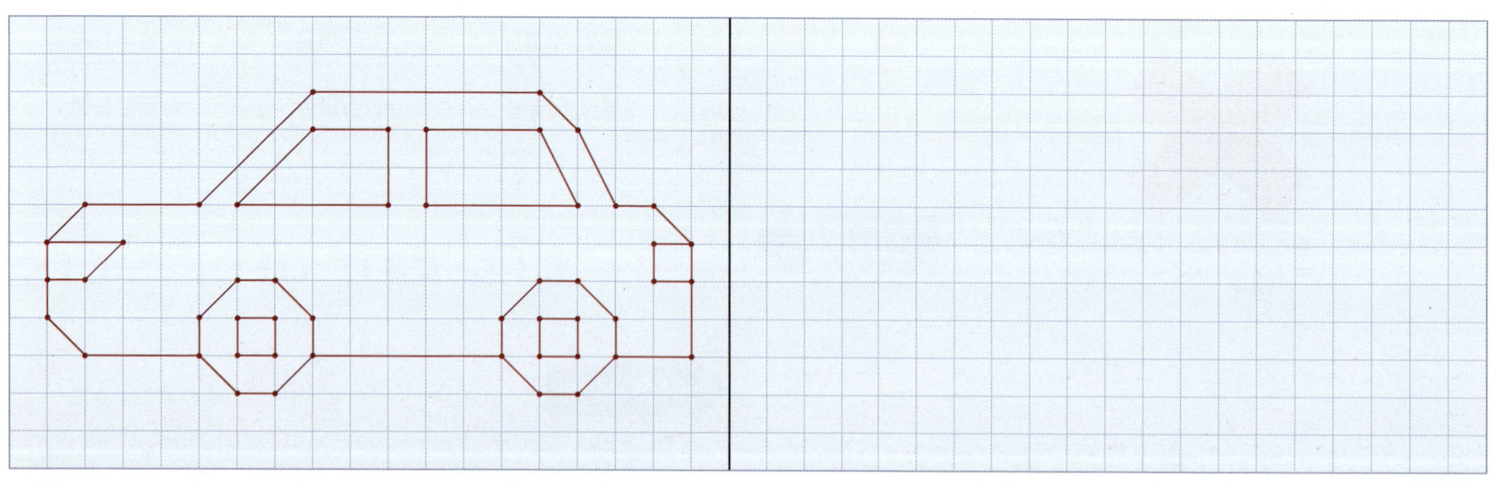

CHAPTER 02

마우스 교실–색칠하기

키보드 교실–자리연습/낱말연습 1단계

종합활동–세탁기 만들기

학습 날짜	선생님 확인	부모님 확인
월 일		

02 마우스 교실

색칠하기

파일 경로 : 📁 02장₩그림판사용법.ppsx
📁 02장₩house.tif

언덕에 펼쳐진 푸른 잔디에 맛있는 과일이 풍성한 멋진 집을 만들어 보려고 해요.
예쁘게 색칠해서 부모님께 선물해 보세요.

완성예제

02 키 보 드 교 실

파일 경로 : 📁 02장₩키보드연습01.ppsx

한컴 타자연습 프로그램에서 기본자리 연습을 위해 자리연습 및 낱말연습 1단계를 실행하고 연습해 보세요.

왼손 기본자리	오른손 기본자리
ㅁ ㄴ ㅇ ㄹ	ㅓ ㅏ ㅣ ;

정확도	%	오타수	
	%		
	%		

02 종합활동

우리 가족 모두의 각종 옷들을 세탁하는 세탁기에는 어떤 장치들이 있을까요?
내가 만들고 싶은 세탁기의 필요한 장치를 그림으로 그려보세요.

학습 날짜	선생님 확인	부모님 확인
월 일		

03 마우스 교실

높은 하늘에 멋지게 날고 있는 비행기가 있습니다. 우리 친구들이 예쁘게 색칠해서 그림을 완성해 보세요.

03 키보드 교실

자리연습/낱말연습 2단계

파일 경로 : 📁 03장\키보드연습02.ppsx

한컴 타자연습 프로그램에서 왼손 윗글쇠 연습을 위해 자리연습 및 낱말연습 2단계를 실행하고 연습해 보세요.

왼손 기본자리	오른손 기본자리	왼손 윗글쇠
ㅁㄴㅇㄹ	ㅓㅏㅣ;	ㅂㅈㄷㄱ

정확도		%	오타수	
		%		
		%		

03 종합활동

파일 경로 : 📁03장\Lego_setup.exe

레고 Digital Designer를 이용하여 마우스로 원하는 모양의 레고 블록을 조립해 보세요.

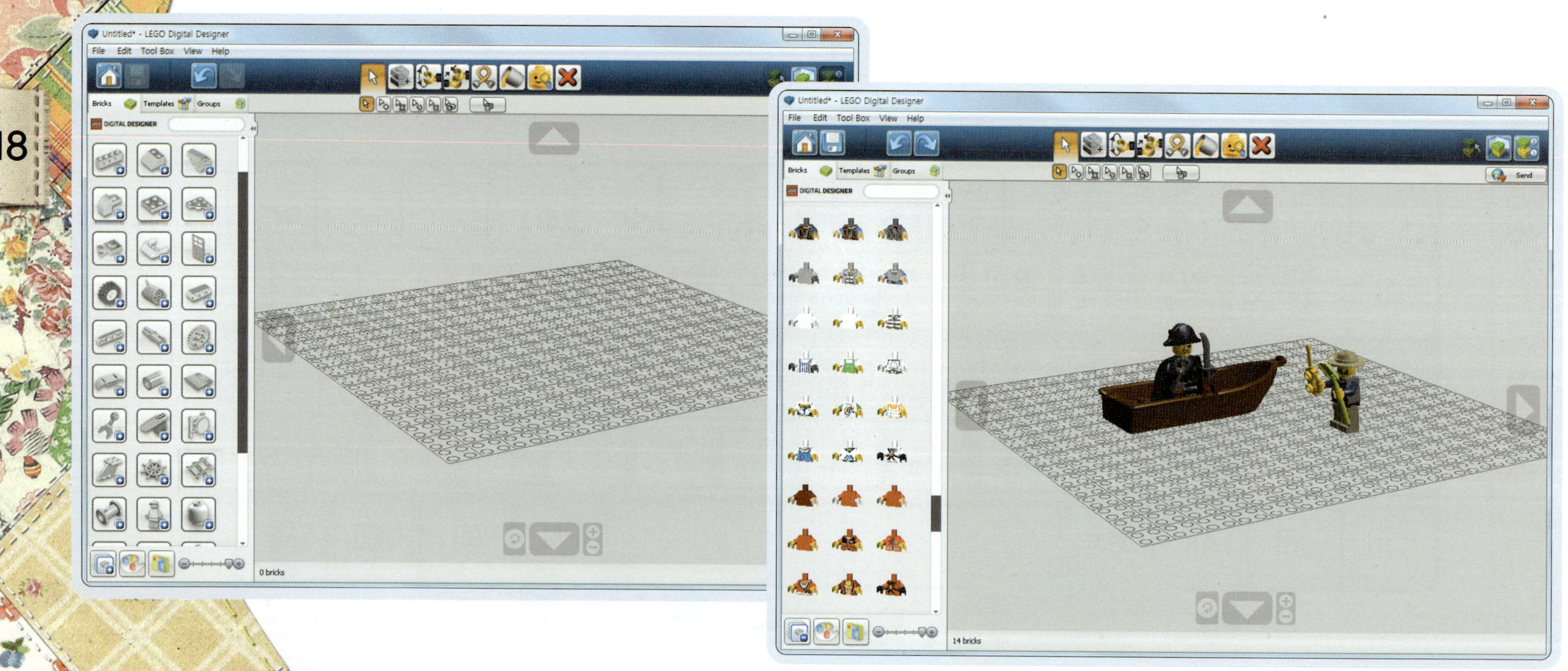

CHAPTER 04

마우스 교실–색칠하기
키보드 교실–내용입력
종합활동–같은 그룹 만들기

학습 날짜	선생님 확인	부모님 확인
월 일		

04 마우스 교실

색칠하기

파일 경로 : 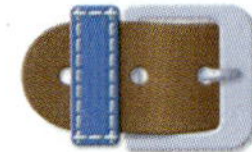04장\dinosaur.tif

엄마 공룡이 무서운 표정으로 알을 지키고 있네요. 우리 친구들이 멋지게 색칠해서
알을 지킬 수 있게 표현해 보세요.

연습예제

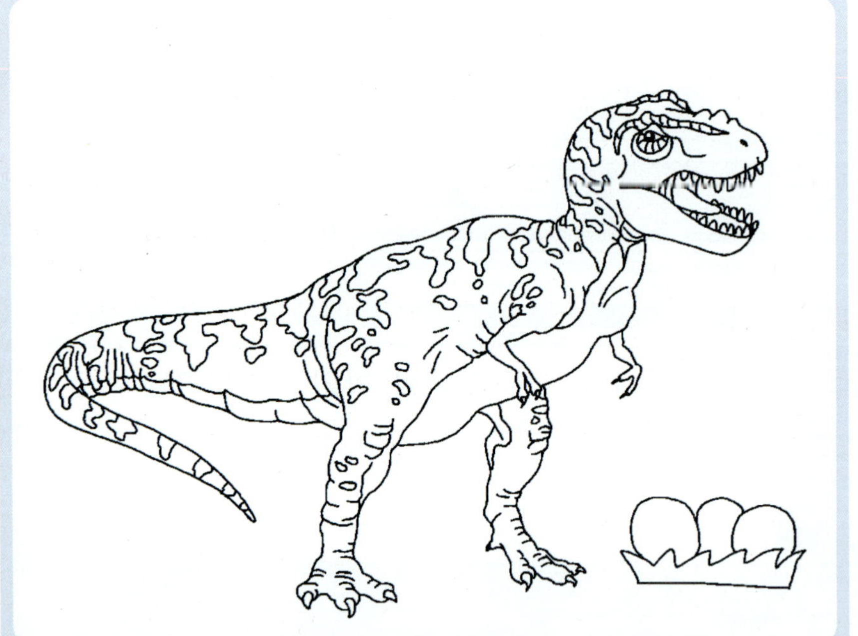

완성예제

04 키 보 드 교 실

내용입력

파일 경로 : 📁04장₩내용입력.ppsx

기본자리와 왼손 윗글쇠 연습을 위해 메모장 프로그램을 실행하고 아래 내용을 입력해 보세요.
자판을 보지않고 항상 기본자리의 손가락 위치를 생각하면서 입력해야 도움이 됩니다.

가가나나 바바아아 자자라라 다다너너 바나가자 마다라아
거거너너 버버어어 저저러러 더더너너 버너거저 머더러어
기기니니 비비이이 지지리리 디디니니 비니기지 미디리이
바니거리 저리머기 나너더지 라저버니 디더머리 가지비이
거니미버 자기너버 저디리미 자기디이 바다너머 머리자라
기나디리 아리나바 다지비리 디가나자 바자나가 리저거러
가다자바 기디지비 너저기비 저니어미 너지리머 저버리디
이저버기 미라지거 아저기버 더리다너 다리디너 저디저비

다지저다 자디자나 자기자버 어리자미 자이라지 저다리거
저거자리 저라나니 다자디리 머리비리 더자다리 저아지라
자아저거 저바리미 미아리어 더지리미 머니디너 더다리다
저미너리 어저아러 어다저리 저리다리 더라디아 더러어디
더자이자 저리기리 버리저머 저버리저 머버리더 더리아버
저이디러 이더이가 다리더기 머거디러 너지리다 어다리머
다러디저 저리라다 더아다러 저디나지 저거지머 저라지러
저버거러 버머아다 다저머이 버이러버 마이리니 니다러더

종합활동

보기의 과일 중에서 서로 관련이 있는 과일들의 그룹 이름을 만들고 해당 과일을 서로 묶어보세요.

1	동그랗지 않은 과일	—	❶딸기, ❸바나나, ❼스타후르츠
2		—	
3		—	

CHAPTER 05

마우스 교실–색칠하기
키보드 교실–자리연습/낱말연습 3단계
종합활동–미로 통과하기

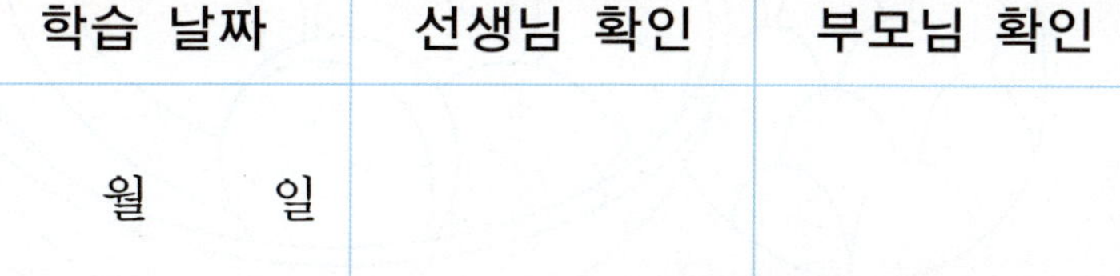

학습 날짜	선생님 확인	부모님 확인
월 일		

05 마우스 교실

파일 경로 :  05장\fruit.tif

우리 친구들이 좋아하는 맛있는 과일 있네요. 새콤달콤 맛있는 과일로 표현하여 예쁘게 색칠해 보세요.

연습예제

완성예제

파일 경로 : 05장₩키보드연습03.ppsx

한컴 타자연습 프로그램에서 검지글쇠 연습을 위해 자리연습 및 낱말연습 3단계를 실행하고 연습해 보세요.

왼손 검지	오른손 검지
ㅅ ㅎ ㅠ	ㅛ ㅗ ㅜ

정확도	%	오타수	
	%		
	%		

종합활동

파일 경로 : 📁 05장₩마우스게임1.ppsx

파일을 열고 마우스로 미로를 통과하는 마우스게임을 시작해 보세요.

마우스로 미로 통과하

마우스 포인터를 이용하여 미로를 통과하는 게임
미로 벽에 닿으면 게임은 종료되며,
움직이는 물체를 피해 종료지점까지 도착하면 승

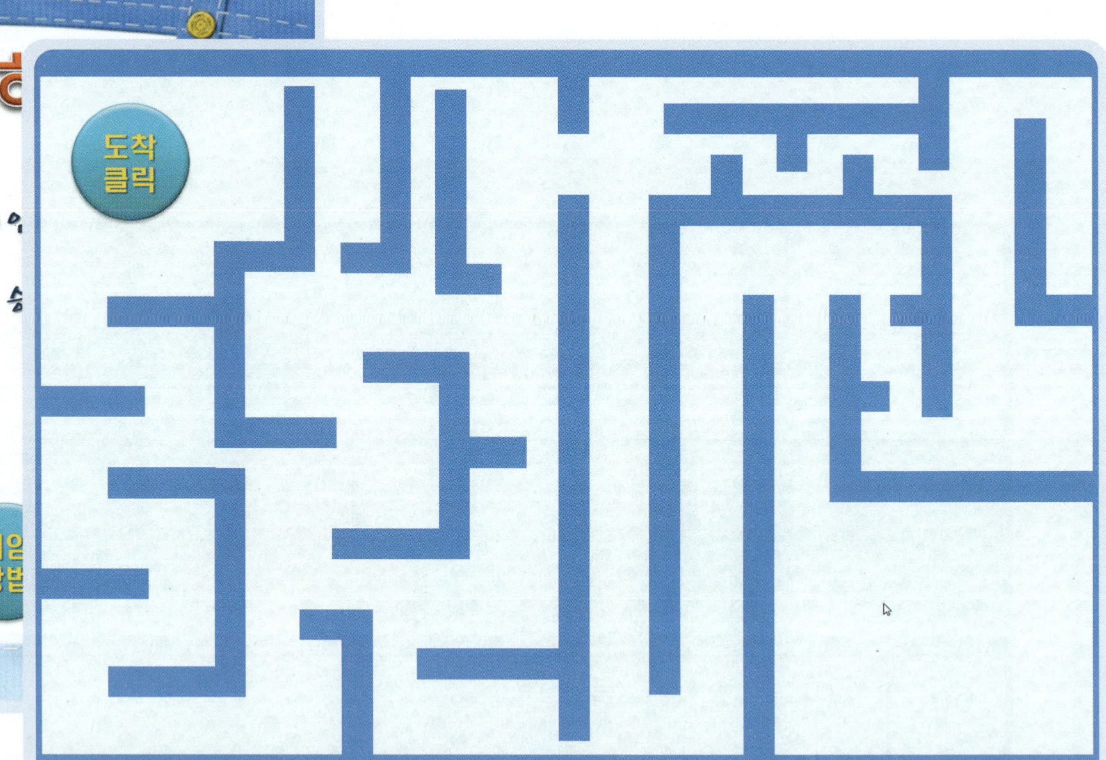

CHAPTER 06

마우스 교실-색칠하기
키보드 교실-자리연습/낱말연습 4단계
종합활동-끝말잇기게임

학습 날짜	선생님 확인	부모님 확인
월 일		

마우스 교실

파일 경로 : 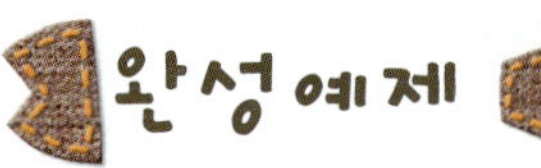 06장₩flower.tif

꽃을 좋아하는 친구를 위해 멋진 꽃 그림을 그리려고 해요. 화사하고 예쁜 모양의 화분으로 완성해 전해주면 친구가 좋아하겠죠?

연습 예제

완성 예제

06 키보드 교실

자리연습/낱말연습 4단계

파일 경로 : 📁 06장₩키보드연습04.ppsx

한컴 타자연습 프로그램에서 오른손 윗글쇠 연습을 위해 자리연습 및 낱말연습 4단계를 실행하고 연습해 보세요.

왼손 기본자리	오른손 기본자리	오른손 윗글쇠
ㅁㄴㅇㄹ	ㅓㅏㅣ;	ㅕㅑㅒㅖ

정확도	%	오타수	
	%		
	%		

06 종합활동

파일 경로 : 📁 06장₩끝말잇기게임1.pptx

파일을 열고 제시된 낱말의 마지막 음절로 시작되는 단어를 계속 연결해서 끝말 잇기게임을 해보세요.

CHAPTER 07

마우스 교실–색칠하기
키보드 교실–내용입력
종합활동–퍼즐 맞추기

학습 날짜	선생님 확인	부모님 확인
월 일		

마우스 교실

파일 경로 : 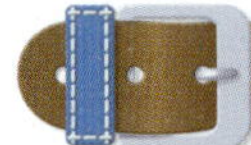 07장\Poclain.tif

내 동생은 무거운 돌이나 땅을 파고 차에 운반하도록 도와주는 포크레인을 좋아해요.
동생을 위해 포크레인을 멋지게 만들어 주세요.

연습예제

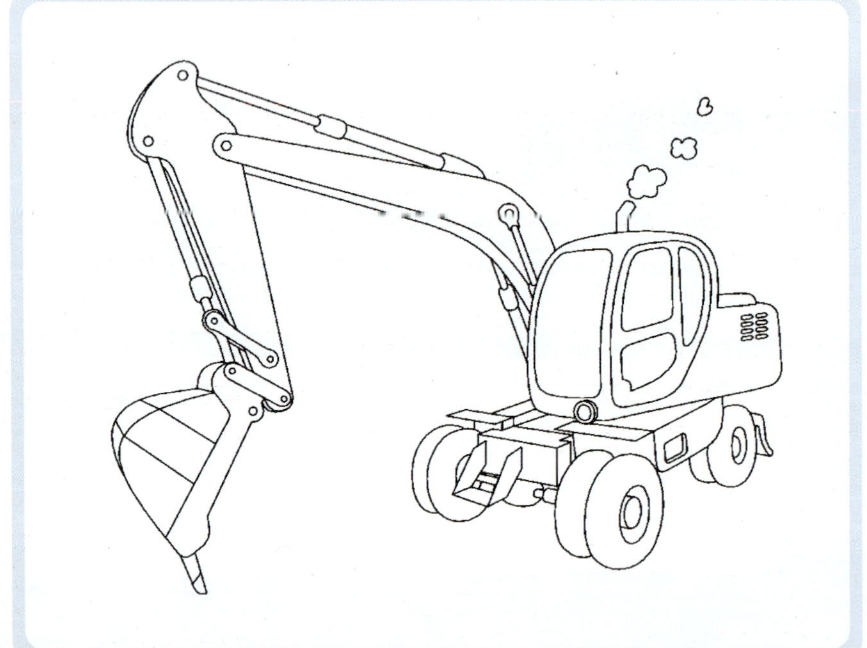

완성예제

검지글쇠와 오른손 윗글쇠 연습을 위해 메모장 프로그램을 실행하고 아래 내용을 입력해 보세요.
자판을 보지않고 항상 기본자리의 손가락 위치를 생각하면서 입력해야 도움이 됩니다.

쇼쇼슈슈 소소효효 수수호호 후후슈슈 휴휴쇼쇼 소소효효
후휴후휴 소쇼소쇼 호효호효 쇼소후휴 수수효호 후휴쇼소
셔샤셔샤 혀햐혀햐 혜혜해해 셔셔새새 세세혀혀 햐햐세세
셔샤새세 혀햐해헤 헤햐해혀 세셔샤새 혀해세샤 셔새헤햐
려에우유 서후휴즈 거가지구 소라샤시 그네나랴 아랴호미
제구두유 지병주부 개가배수 드루겨시 내려가두 류스세셔
헤후수소 우쥬서개 제지소스 져비네여 갸제조수 보메도요
애메호고 고메효구 재무드제 소무재수 사로히해 흐즈수게

겨댜자애 서혀해게 쟈데이려 대제헤수 두구세서 데후서수
세시대제 혀주슈서 제도지수 져도지유 그기셔서 야구수구
야디제조 지데저내 주소세셔 져주제호 새해수지 허두해즈
야소겨주 뉴수대로 대도게그 브세호루 내세주유 쟈스재보
여리제구 조르제수 소려주구 브겨루야 사개호그 수내배며
교수제고 소교부에 개서드베 도조그부 갸루겨르 주대브야
소레그로 벼노헤야 효도구수 매무수조 서수재허 구드우유
애게소로 수여흐매 햐후세소 드구재무 브게소헤 개구수주

종합활동

파일 경로 : 📁07장₩퍼즐문제1.pptx

파일을 열고 표시된 그림 조각을 키보드의 방향키와 마우스를 이용하여 하나의 그림으로 맞춰보세요.

TiP Ctrl 을 누르고 방향키를 움직이면 미세하게 움직이며 그림 위치를 맞출 수 있습니다.

CHAPTER 08

마우스 교실–색칠하기

키보드 교실–자리연습/낱말연습 5단계

종합활동–첫말잇기게임

학습 날짜	선생님 확인	부모님 확인
월 일		

마우스 교실

파일 경로 : 08장₩windmill.tif

튜울립 꽃이 피는 풍차 풍경을 그리고 있네요. 우리 친구들이 꽃과 풍차를 멋지게 색칠해 보세요.

연습예제

완성예제

08 키 보 드 교 실

파일 경로 : 📁 08장₩키보드연습05.ppsx

한컴 타자연습 프로그램에서 왼손 밑글쇠 연습을 위해 자리연습 및 낱말연습 5단계를 실행하고 연습해 보세요.

왼손 기본자리	오른손 기본자리	왼손 밑글쇠
ㅁ ㄴ ㅇ ㄹ	ㅓ ㅏ ㅣ ;	ㅋ ㅌ ㅊ ㅍ

정확도	%	오타수	
	%		
	%		

종합활동

파일 경로 : 📁 08장\첫말잇기게임.pptx

파일을 열고 제시된 낱말의 첫번째 음절로 시작되는 단어를 생각나는대로 입력해 보세요.

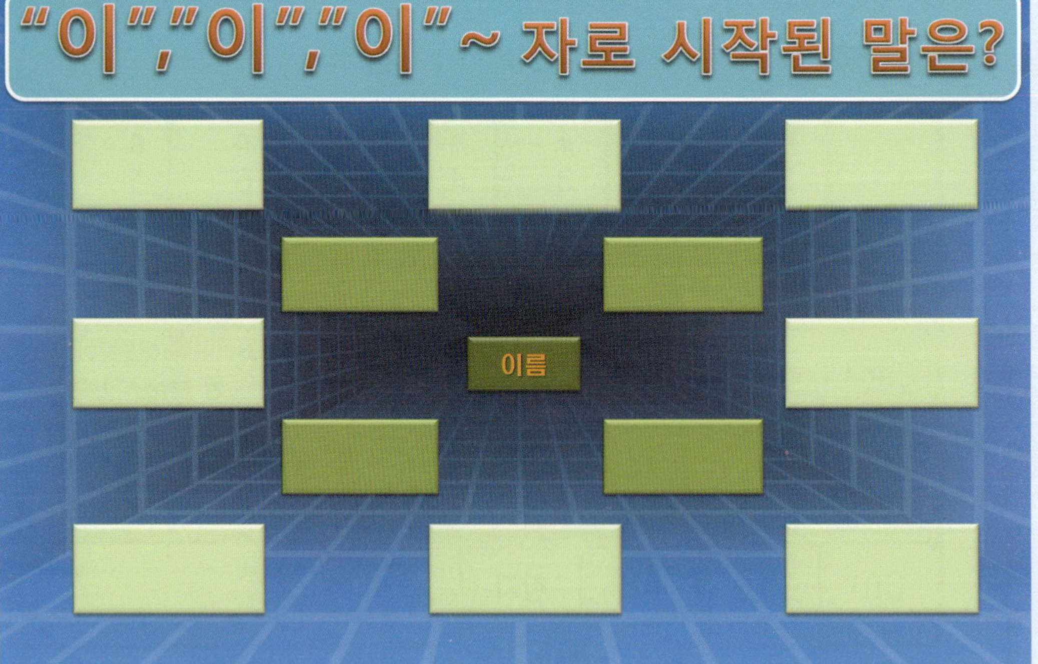

CHAPTER 09
마우스 교실-색칠하기
키보드 교실-자리연습/낱말연습 6단계
종합활동-미로 통과하기
학습 날짜
선생님 확인
부모님 확인
월   일

마우스 교실

색칠하기

파일 경로 : 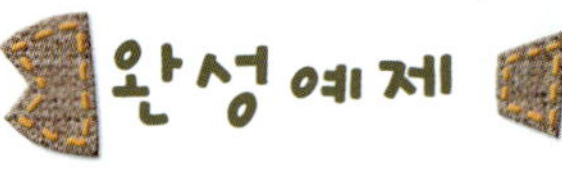 09장₩scissors.tif

친구에게 줄 선물을 포장하기 위해 리본을 찾았는데 리본 끈이 너무 길어 자르고 싶은가봐요. 어떤 도구가 필요할까요? 우리 친구들이 필요한 도구를 그려보세요.

 연 습 예 제

완 성 예 제

키 보 드 교 실

파일 경로 : 📁 09장₩키보드연습06.ppsx

한컴 타자연습 프로그램에서 오른손 밑글쇠 연습을 위해 자리연습 및 낱말연습 4단계를 실행하고 연습해 보세요.

왼손 기본자리	오른손 기본자리	오른손 밑글쇠				
ㅁㄴㅇㄹ	ㅓㅏㅣ;	—,./	정확도	%	오타수	
				%		
				%		

종합활동

미로 통과하기

파일 경로 : 📁 09장₩마우스게임2.ppsx

파일을 열고 마우스로 미로를 통과하는 마우스게임을 시작해 보세요.

마우스로 미로 통과하기!

마우스 포인터를 이용하여 미로를 통과하는 게임입니다.
미로 벽 또는 움직이는 도형에 닿으면 게임은 종료되며,
움직이는 물체를 피해 종료지점까지 도착하면 승리합니다.

＊ 단! 움직이는 도형중 하나는 닿아도 죽지 않는다는거~^^

마우스 교실–색칠하기
키보드 교실–내용입력
종합활동–암기력 테스트

학습 날짜	선생님 확인	부모님 확인
월 일		

마우스 교실

파일 경로 :  10장₩piggybank.tif

부모님께 받은 용돈을 안쓰고 모아 놓았는데 어디에 두어야 할지 모르겠어요. 우리 친구들이 커다란 돼지 저금통을 만들어 받은 용돈을 보관할 수 있도록 만들어 주세요.

연습예제

완성예제

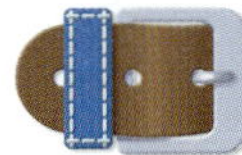

키 보 드 교 실

파일 경로 : 📁 10장\내용입력.ppsx

왼손 밑글쇠와 오른손 밑글쇠 연습을 위해 메모장 프로그램을 실행하고 아래 내용을 입력해 보세요.
자판을 보지않고 항상 기본자리의 손가락 위치를 생각하면서 입력해야 도움이 됩니다.

파파피피 카카키키 파파피피 타타티티 커커타타 차차퍼퍼
키치키치 파티파티 키치키치 터피터피 키키크크 피처피처
파치파치 피카피카 치타치타 터터피피 크크피피 치치츠츠
프츠커피 트쿠트쿠 카터카터 퍼투피투 커추퍼추 트푸커푸
트피츠크 키티치피 커티퍼티 카파타피 츠느므리 므크피처
카키파피 프치프치 트피트피 크티크티 처커퍼터 카터퍼티
커피티퍼 타프터프 차프처프 퍼피터치 터치퍼피 티키치프
트피티키 차티프피 크크파피 트파츠피 퍼키티처 타피키트

파티터크 크터피츠 터치프타 피츠퍼크 파츠퍼프 타치터크
티크파크 터프파크 파스타크 티피트프 처터커피 티프크퍼
차트피크 피츠트크 터프카프 프트키처 치터피크 차타프크
므타느치 르차느키 으카프키 느커츠키 프피트티 크피프치
타키/차 퍼치/처 카피/티 차티/피 커피/타 카피/처
티프트, 치크츠. 타츠커, 파트커. 퍼트키, 처프키.
타치피, 터치피. 피차크, 터파크, 티트커, 처츠퍼.
타키차, 프키차. 커피차, 카피처. 차프키, 피트키.

10 종합활동

암기력 테스트

파일 경로 : 📁10장₩암기력테스트1.ppsm

파일을 실행하고 카드에 숨겨진 단어를 암기 후 내용을 기록하여 몇 개나 암기할 수 있는지 테스트 해보세요.

CHAPTER 11

마우스 교실–색칠하기

키보드 교실–자리연습/낱말연습 7단계

종합활동–퍼즐 맞추기

학습 날짜	선생님 확인	부모님 확인
월 일		

어항속에 물이 없어서 그런지 물고기들이 찾아오지 않는 것 같아요. 우리 친구들이
어항속에 물고기도 그리고 물도 색칠해서 멋진 어항을 만들어 보세요.

연습예제

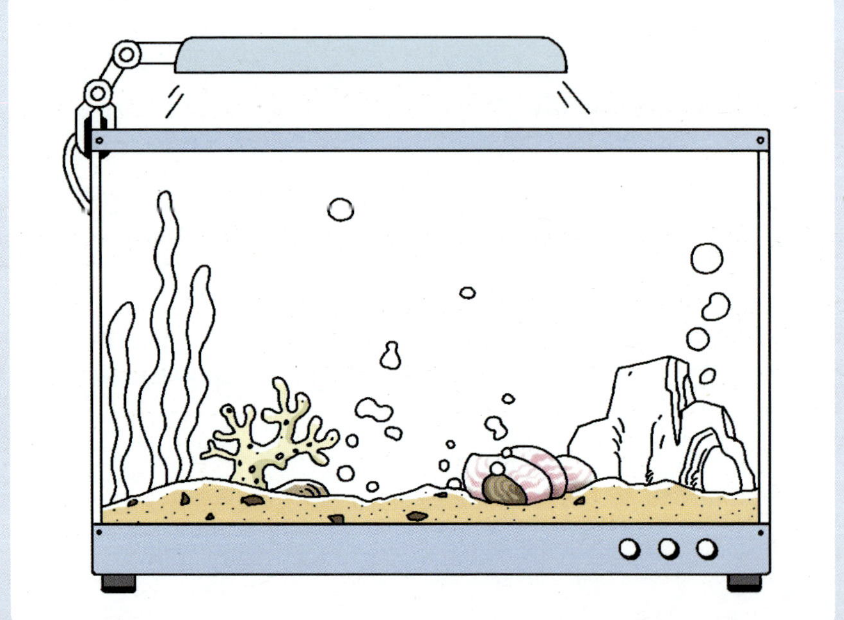

완성예제

11 키 보 드 교 실

파일 경로 : 11장₩키보드연습07.ppsx

한컴 타자연습 프로그램에서 왼손 쌍자음 연습을 위해 자리연습 및 낱말연습 7단계를 실행하고 연습해 보세요.
쌍자음은 Shift 를 같이 사용하여 오른손 새끼 손가락으로 누르고 자음을 눌러야 쌍자음이 입력됩니다.

왼손 기본자리	오른손 기본자리	왼손 쌍자음
ㅁ ㄴ ㅇ ㄹ	ㅓ ㅏ ㅣ ;	뼈 쯔 뜨 끼 쓰

정확도	%	오타수
	%	
	%	

종합활동

파일 경로 : 11장₩퍼즐문제2.pptx

파일을 열고 표시된 그림 조각을 키보드의 방향키와 마우스를 이용하여 하나의 그림으로 맞춰보세요.

TiP Ctrl을 누르고 방향키를 움직이면 미세하게 움직이며 그림 위치를 맞출 수 있습니다.

CHAPTER 12

마우스 교실–색칠하기
키보드 교실–자리연습/낱말연습 8단계
종합활동–캠핑장 만들기

학습 날짜	선생님 확인	부모님 확인
월 일		

마우스 교실

파일 경로 : 📁12장₩truck.tif

물건을 운반하는 화물차에 짐이 너무 많이 실려 떨어질 것 같네요. 우리 친구들이 튼튼한 줄로 떨어지지 않도록 묶어주고 예쁘게 색칠해 보세요.

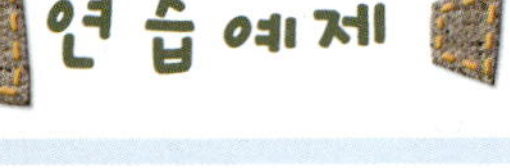

키보드 교실

파일 경로 : 📁 12장₩키보드연습08.ppsx

한컴 타자연습 프로그램에서 윗글쇠 나머지 연습을 위해 자리연습 및 낱말연습 8단계를 실행하고 연습해 보세요. 윗글쇠 나머지는 Shift 를 같이 사용하여 왼손 새끼 손가락으로 누르고 윗글쇠를 눌러야 입력됩니다.

왼손 기본자리	오른손 기본자리	윗글쇠 나머지
ㅁㄴㅇㄹ	ㅓㅏㅣ;	ㅒㅖ

정확도	%	오타수	
	%		
	%		

12

종합활동

캠핑장 만들기

파일 경로 : 📁12장₩캠핑장.pptx

파일을 열고 표시된 그림 조각을 캠핑장 배경에 맞게 원하는 위치에 배치하여 꾸며보세요.

CHAPTER 13

마우스 교실–색칠하기
키보드 교실–내용입력
종합활동–미로 통과하기

학습 날짜	선생님 확인	부모님 확인
월 일		

13 마우스 교실

색칠하기

파일 경로 :  13장₩ladybug.tif

예쁜 무당벌레를 그릴려고 하는데 그림에 반밖에 그리지 못했어요. 우리 친구들이 나머지 부분을 복사 후 회전하여 무당벌레 모양을 완성하고 예쁘게 색칠해 보세요.

연습예제

완성예제

내용입력

파일 경로 : 📁 13장₩내용입력.ppsx

왼손 쌍자음과 윗글쇠 나머지 연습을 위해 메모장 프로그램을 실행하고 아래 내용을 입력해 보세요.
자판을 보지않고 항상 기본자리의 손가락 위치를 생각하면서 입력해야 도움이 됩니다.

빠찌빠찌 따끼따끼 짜씨짜씨 싸삐싸삐 까찌까찌 짜삐짜삐
삐까삐까 띠까띠까 찌따찌따 끼빠끼빠 씨따씨따 삐끼띠짜
애계애계 얘기얘기 계레계레 매례매례 어얘어얘 네녜메례
라메라메 에얘에얘 마례마례 얘미얘미 레메이매 마매미매
빼라삐레 떼리에끼 따래삐네 까나삐네 띠메찌대 싸니때메
계라계리 걔네걔네 베얘비얘 네메너메 대례다례 재미쟤미
쟤네미례 걔네얘게 메니메이 배리뱌니 데리예리 얘기쟤기
계삐쟤끼 얘끼예삐 삐리빠례 짜리짜얘 떼이띠예 끼리깨래

꼬마사전 뚜레쥬르 얘깃거리 떼쟁이로 깨비키즈 폐차준비
짜파게티 꿀맛닷컴 빰빠라밤 귀뚜라미 코끼리떼 계절요리
예의예절 뿌리따로 써커스짱 얘기빨래 빨리빨리 아빠솜씨
따따부따 쭈꾸미요 쑥쑥자라 까마귀떼 꼬꼬볶음 뽁뽁이네
뽀글뽀글 쌍란계란 계절마다 떼로지어 짱짱한날 계속되는
까까머리 국민의례 폐렴의심 옛날옛날 까다로워 귀뚜라미
뽀글라멘 들쑥날쑥 딸기따봉 매미한쌍 코뿔소뿔 딸부자집
강아지똥 쏘렌토차 쑥부쟁이 땅끝마을 딸기체험 짜장뷔페

13 종합활동

미로 통과하기

파일 경로 : 13장\마우스게임3.ppsx

파일을 열고 마우스로 미로를 통과하는 마우스게임을 시작해 보세요.

마우스로 미로 통과하기

마우스 포인터를 이용하여 미로를 통과하는 게임입니다.
미로 벽에 닿으면 게임은 종료되며,
움직이는 물체를 피해 종료지점까지 도착하면 승리하게

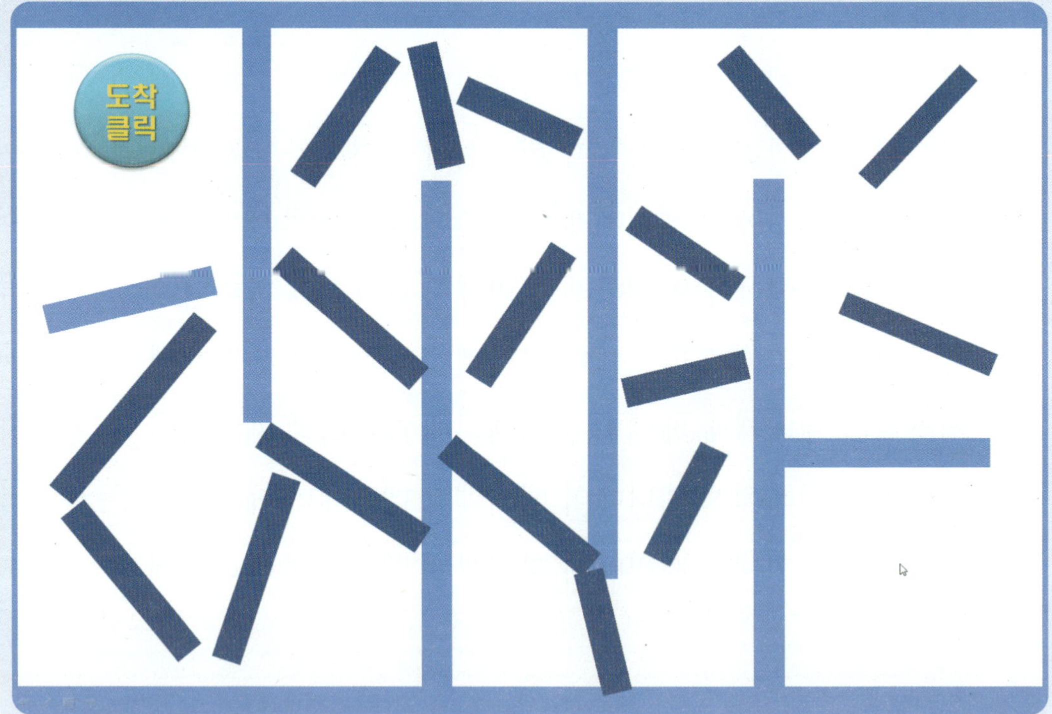

CHAPTER 14

마우스 교실–색칠하기
키보드 교실–타자게임1(놀이)
종합활동–단어 만들기

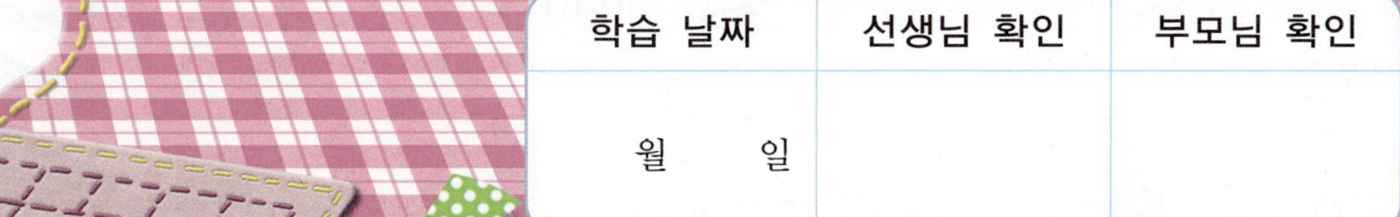

학습 날짜	선생님 확인	부모님 확인
월 일		

파일 경로 :  14장\tree.tif

이번 크리스마스에는 내힘으로 트리를 완성하고 싶은데~ 트리에 장식할 소품이 서로 떨어져 있네요. 떨어진 장식용 소품을 나무에 달고 예쁘게 색칠해 보세요.

연습예제

완성예제

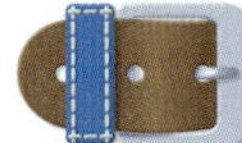

키 보 드 교 실

타자게임1(놀이)

한컴 타자연습 프로그램에서 타자게임(놀이)를 실행하고 타자 연습을 해보세요. 키보드 자판을 보지 않고 연습하면 처음에는 느린 것 같지만 차츰 속도가 빨라지고 오타도 줄어들것입니다.

▲한글 2007 타자연습

▲한글 2010 타자연습

회차	1회	2회	3회	4회	5회	6회	7회	8회	9회	10회
점수										

종합활동

인접한 가로와 세로 위치의 글자를 기준으로 서로 묶어 단어를 만들어 보세요.

연	태	려	음	만	불	미	모
발	장	지	부	표	티	남	설
내	돈	아	처	달	수	할	계
외	작	움	현	히	속	신	임
하	된	성	전	식	단	건	각
다	하	존	생	풍	연	교	비
남	자	범	공	문	요	입	가
오	경	관	래	도	할	방	야

미남, 미모

CHAPTER 15

마우스 교실–색칠하기
키보드 교실–짧은글 연습1
종합활동–미로 만들기

학습 날짜	선생님 확인	부모님 확인
월 일		

마우스 교실

파일 경로 : 📁 15장\pizza.tif

맛있는 피자를 만들려고 하는데 다양한 토핑들이 밖에 떨어져 있네요. 피자 도우안에 토핑을 담고 치즈가루 등을 얹어 맛있는 피자를 만들어 보세요.

▶연 습 예 제

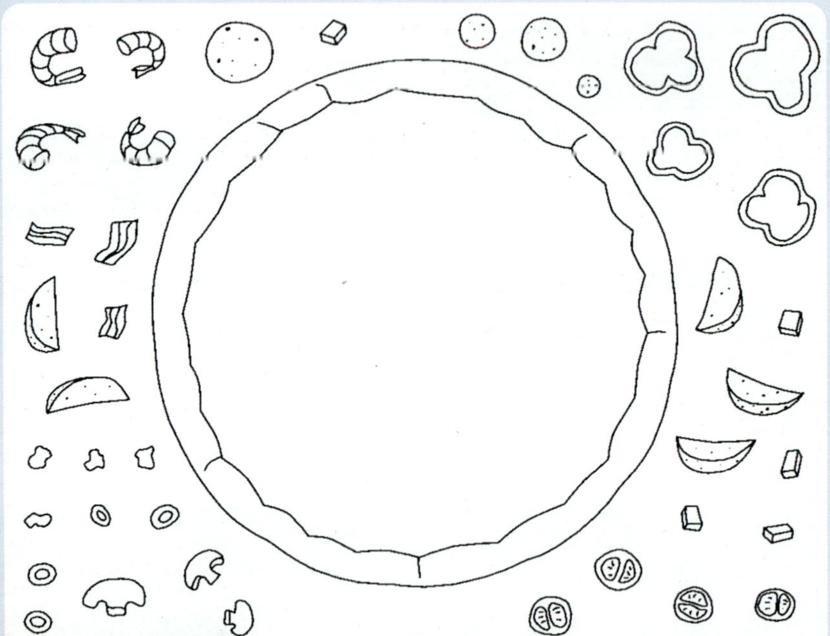

▶완 성 예 제

키보드 교실

한컴 타자연습 프로그램에서 짧은글 연습을 실행하고 타자 연습을 해보세요. 속도를 빨리하기 보다 키보드 자판을 보지 않고 정확하게 입력하는 것이 중요합니다.

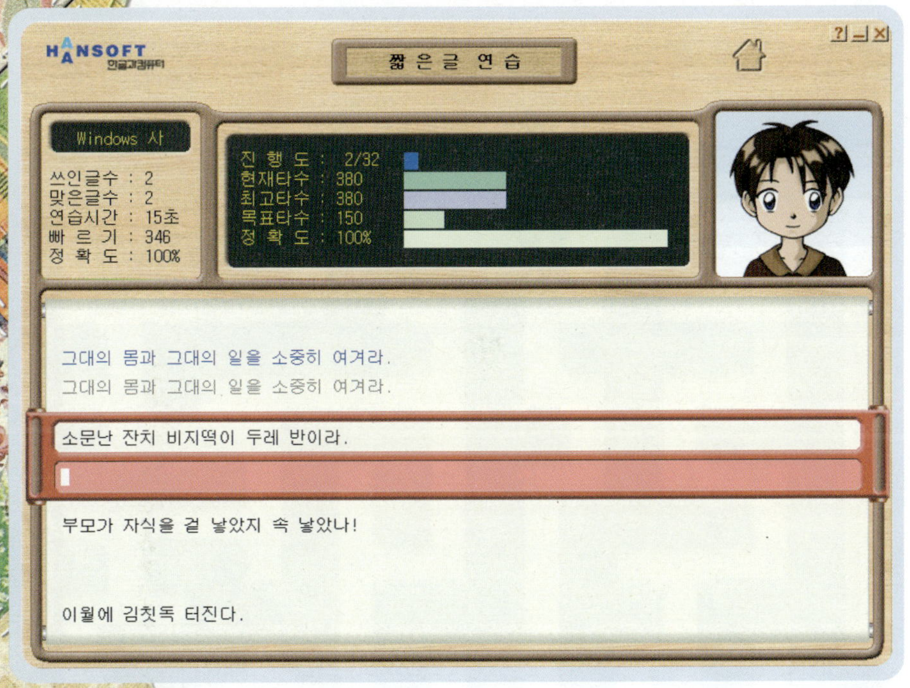

▲ 한글 2007 타자연습

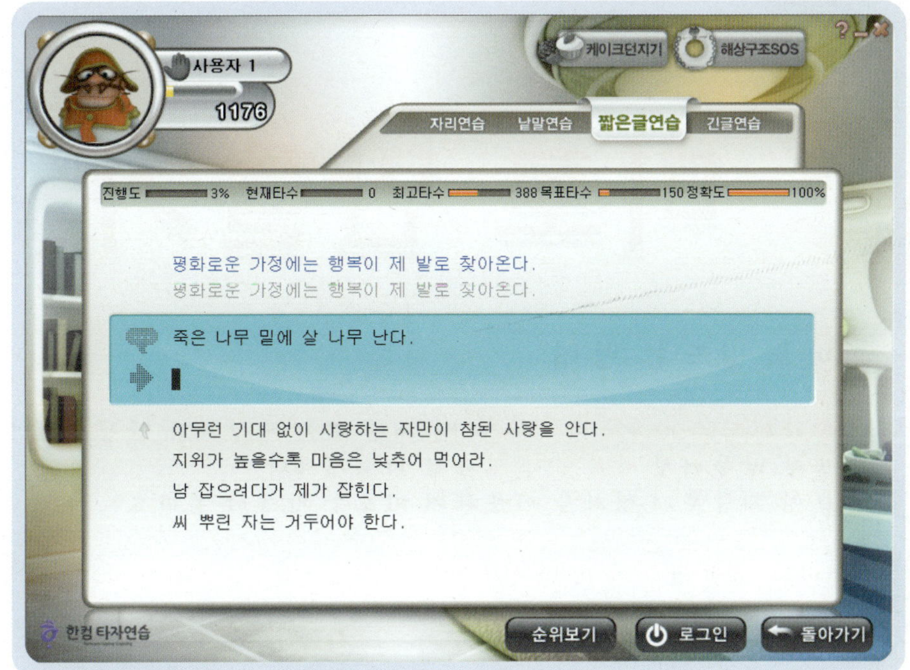

▲ 한글 2010 타자연습

회차	1회	2회	3회	4회	5회	6회	7회	8회	9회	10회
점수										

종 합 활 동

파일 경로 : 📁15장₩미로만들기.ppsx

파일을 실행하고 미로 만드는 방법 내용에 맞게 슬라이드에 원하는 모양의 미로를 완성해 보세요.

미로 만들기

미로 만드는 방법

슬라이드에 마우스를 클릭하면 해당 위치에 상자가 만들어집니다. 또한 만들어진 상자를 클릭하면 지워집니다. 그럼 지금부터 상자를 이용하여 미로를 만들어 볼까요? ^^

*미로 슬라이드의 실행 시간이 조금 길어질 수 있습니다.

미로 만들기를 종료하려면 [ESC]를 누르세요.

CHAPTER 16

마우스 교실–색칠하기

키보드 교실–긴글 연습1

　　　–긴글 연습 파일에 새로운 글 불러오기

　　　–긴글 연습 파일에 새로운 글 불러올 수 없는 경우

종합활동–같은 그룹 만들기

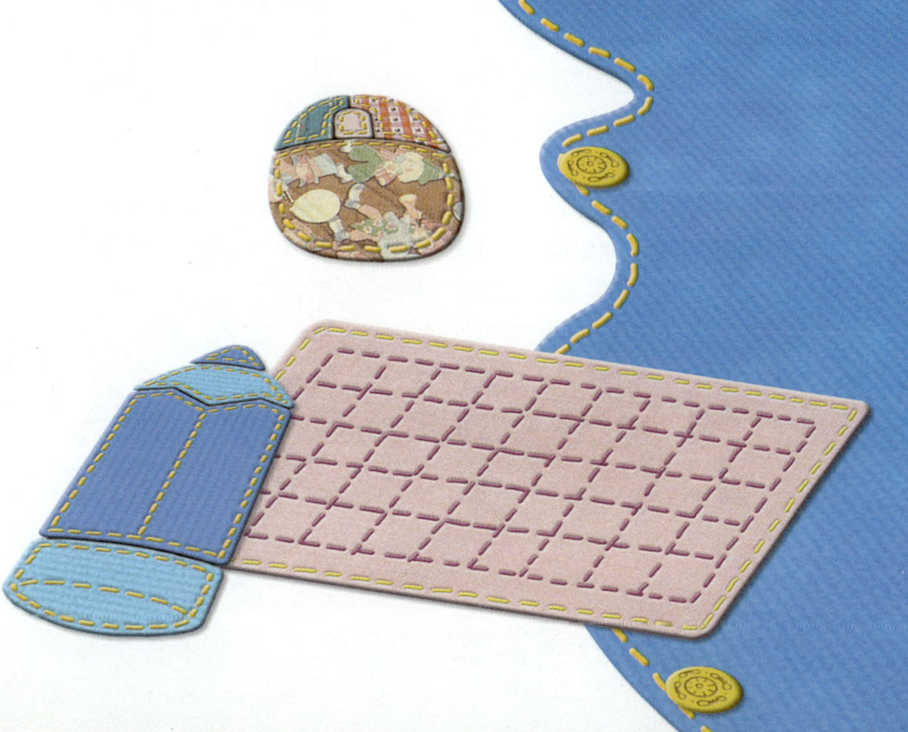

학습 날짜	선생님 확인	부모님 확인
월　　일		

마우스 교실

파일 경로 :  16장₩name.tif

책과 학용품 등에 이름표를 만들어 붙이면 잃어버릴 염려가 없겠죠? 이름표 모양에 본인의 이름과 학년, 반, 번호 등을 넣어 예쁘게 이름표를 만들어 보세요.

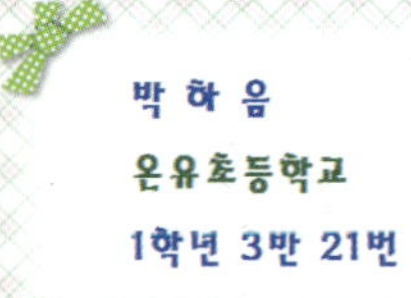

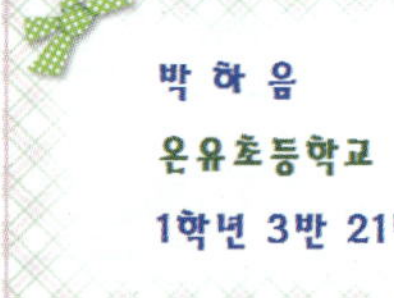

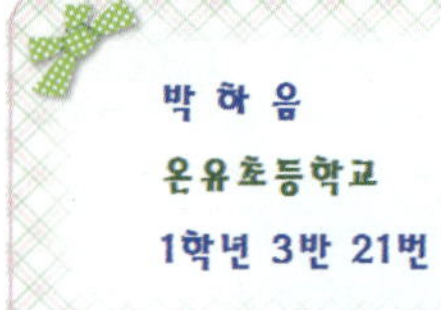

한컴 타자연습 프로그램에서 긴글 연습을 실행하고 타자 연습을 해보세요. 주변 친구들의 속도에 맞추기 보다 본인의 속도에 맞춰 손가락 운동하듯 풀어주면서 차분하게 입력하는 것이 좋습니다.

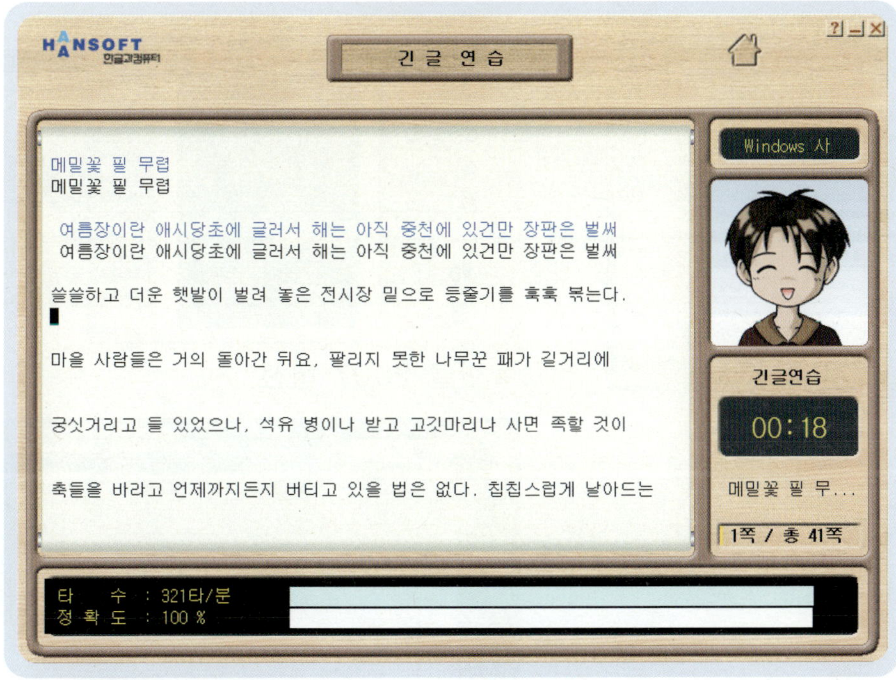

▲ 한글 2007 타자연습

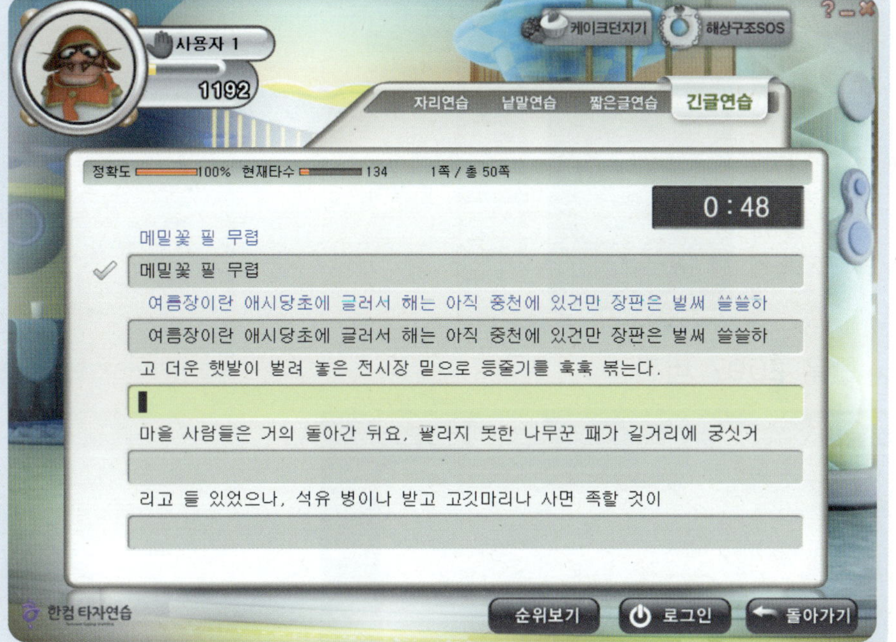

▲ 한글 2010 타자연습

회차	1회	2회	3회	4회	5회
점수					

★ 긴글 연습 파일에 새로운 글 불러오기 ★

긴글 연습은 긴글선택 목록에서 제공하는 연습 파일뿐만 아니라 텍스트 파일로 만들어진 내용을 추가로 등록하여 연습할 수 있습니다.

1 한컴 타자 연습 프로그램의 [긴글 연습]에서 [불러오기]를 클릭합니다.

2 [긴글 불러오기] 대화상자가 나타나면 추가할 긴글 연습 파일의 위치로 이동하여 선택하고 [열기]를 클릭합니다.

3 긴글 선택 목록에 추가되면 선택하고 [긴글 연습]을 클릭합니다.

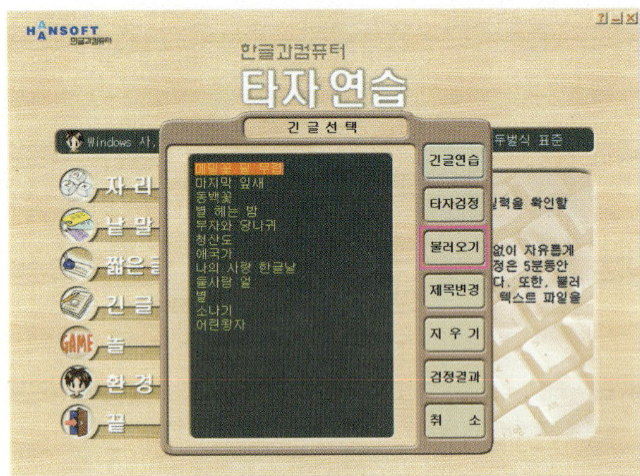

▲ 한글 2007 비전

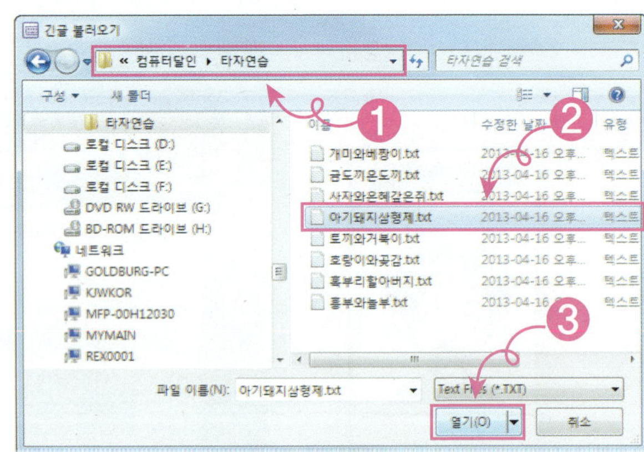

▲ 한글 2007 버전

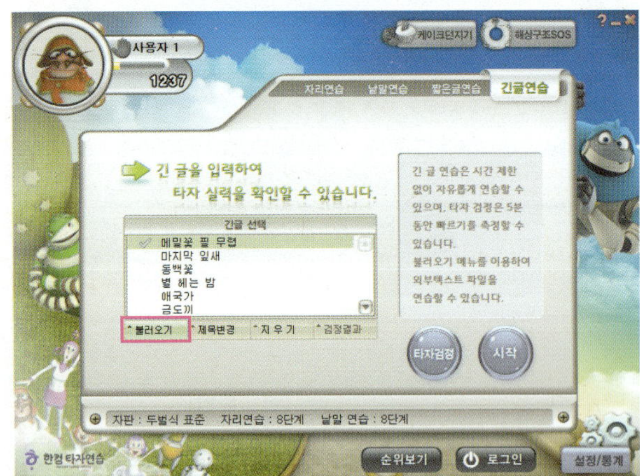

▲ 한글 2010 버전

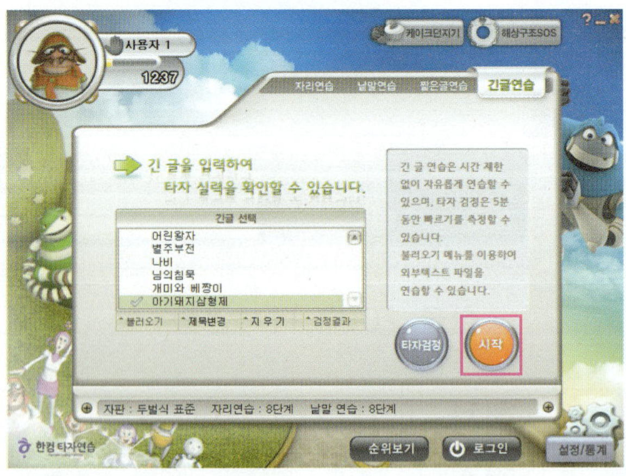

▲ 한글 2010 버전

긴글 연습 파일에 추가로 제공하는 글을 불러올 수 없는 경우 '더 이상 등록할 수 없습니다.' 라는 내용의 대화상자가 표시됩니다. 이런 경우 기존의 긴글 내용 중 원하는 파일을 삭제해야 추가로 긴 글 연습 파일을 불러올 수 있습니다.

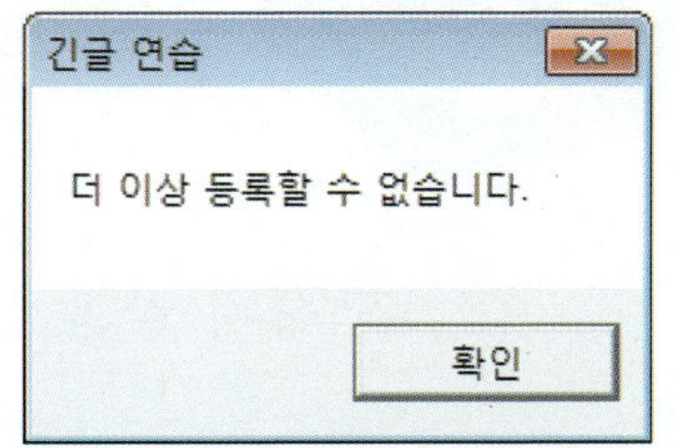

1 긴글 연습 목록에서 삭제할 파일을 선택한 다음 [지우기]를 클릭합니다. '선택한 글을 지울까요?' 라는 내용의 대화상자가 나타나면 [확인]을 클릭합니다.

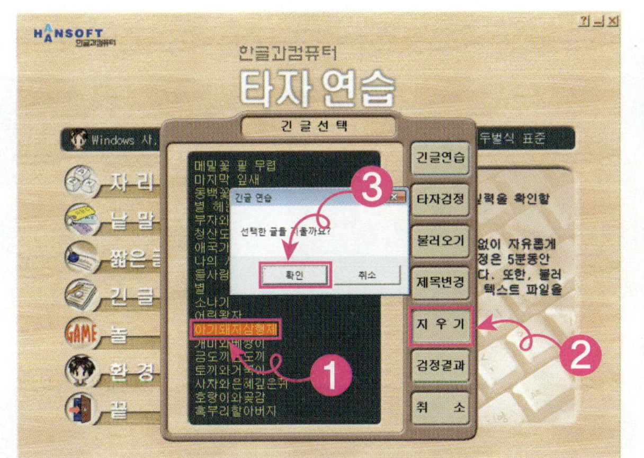

2 목록에서 선택했던 긴글 연습 파일이 지워지면 [불러오기]를 클릭하여 새로운 파일을 추가합니다.

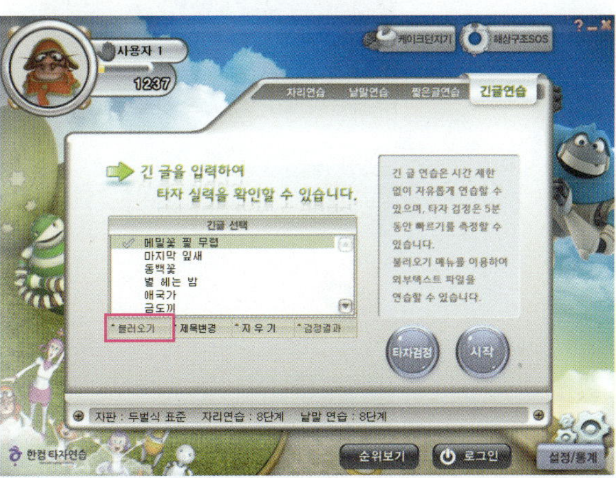

16 종합활동

보기의 동물 중에서 서로 관련이 있는 동물들의 그룹 이름을 만들고 해당 동물을 서로 묶어보세요.

1	다리가 2개인 동물	—	❺앵무새, ❽타조
2		—	
3		—	

CHAPTER 17

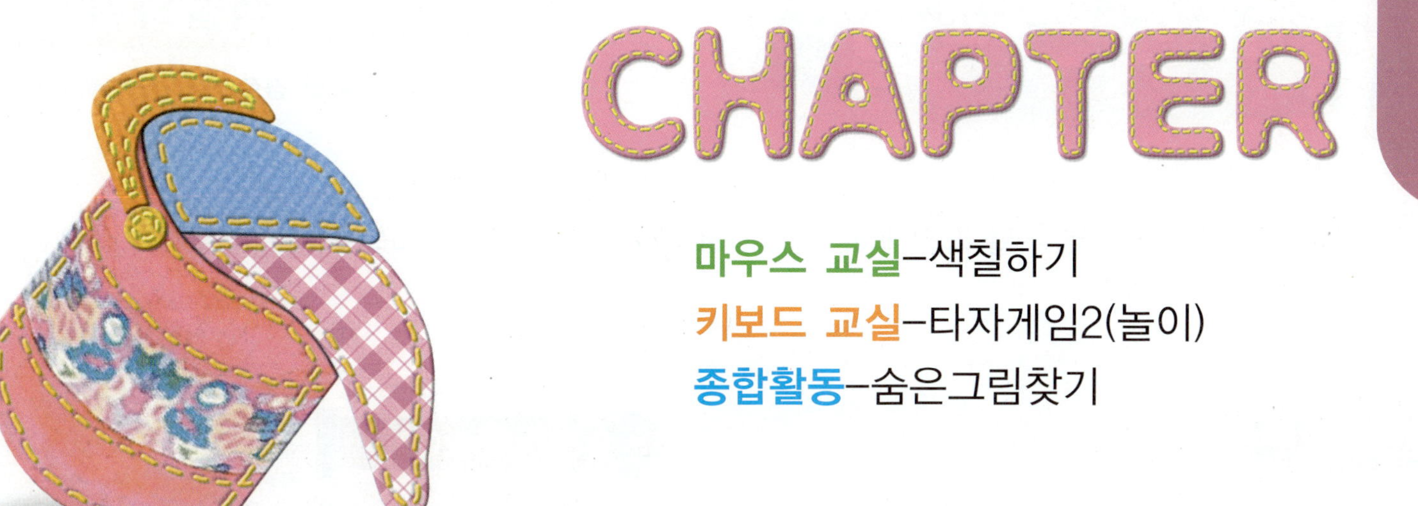

마우스 교실-색칠하기
키보드 교실-타자게임2(놀이)
종합활동-숨은그림찾기

학습 날짜	선생님 확인	부모님 확인
월 일		

17 마우스 교실

색칠하기

파일 경로 :  17장₩star.tif

토끼와 여우 친구가 별님을 달고 있네요. 떨어지지 않도록 의자를 만들고 예쁘게 색칠해 보세요.

연습예제

완성예제

17 키 보 드 교 실

타자게임2(놀이)

한컴 타자연습 프로그램에서 타자게임(놀이)를 실행하고 타자 연습을 해보세요. 키보드 자판을 보지 않고 연습하면 처음에는 느린 것 같지만 차츰 속도가 빨라지고 오타도 줄어들것입니다.

▲ 한글 2007 타자연습

▲ 한글 2010 타자연습

회차	1회	2회	3회	4회	5회	6회	7회	8회	9회	10회
점수										

파일을 실행하고 그림에 숨겨진 6개의 숨은그림을 찾아보세요.

CHAPTER 18

마우스 교실–색칠하기
키보드 교실–짧은글 연습2
종합활동–색 맞추기

학습 날짜	선생님 확인	부모님 확인
월 일		

18 마우스 교실

파일 경로 : 📁18장₩cake.tif

이번 생일날 친구들을 초대하려고 해요. 간단한 초대의 글과 함께 케익을 예쁘게 색칠해 친구들에게 주면 어떨까요?

연습 예제

완성 예제

키 보 드 교 실

짧은글 연습2

한컴 타자연습 프로그램에서 짧은글 연습을 실행하고 타자 연습을 해보세요. 속도를 빨리하기 보다 키보드 자판을 보지 않고 정확하게 입력하는 것이 중요합니다.

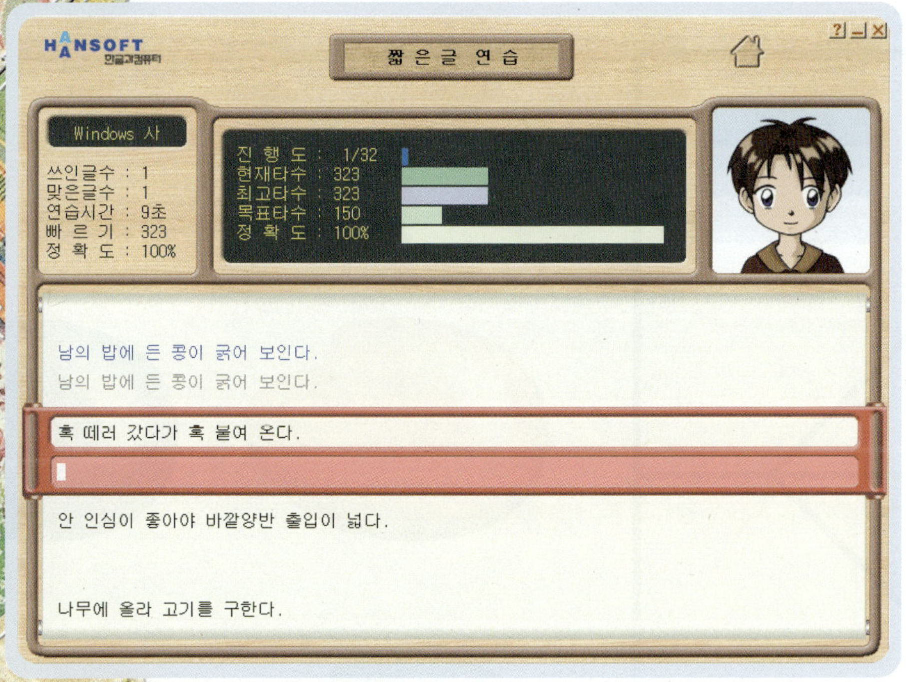

▲ 한글 2007 타자연습

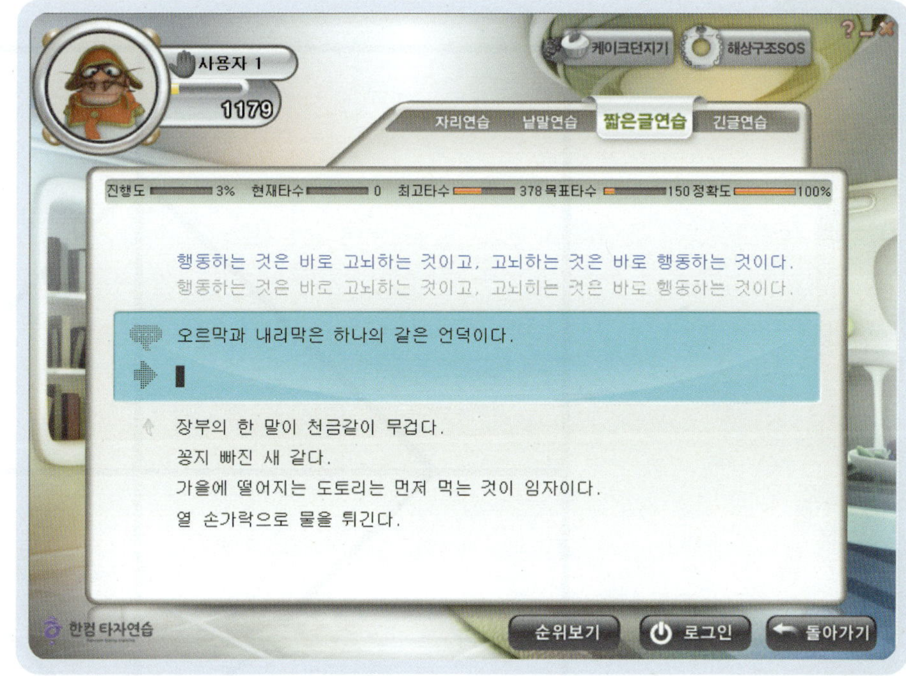

▲ 한글 2010 타자연습

회차	1회	2회	3회	4회	5회	6회	7회	8회	9회	10회
점수										

종합활동

파일 경로 : 📁18장₩색맞추기.tif

그림판에서 빨강, 파랑, 녹색, 노랑 등 4가지의 색을 서로 겹치지 않도록 칠하여
그림을 채워 보세요.

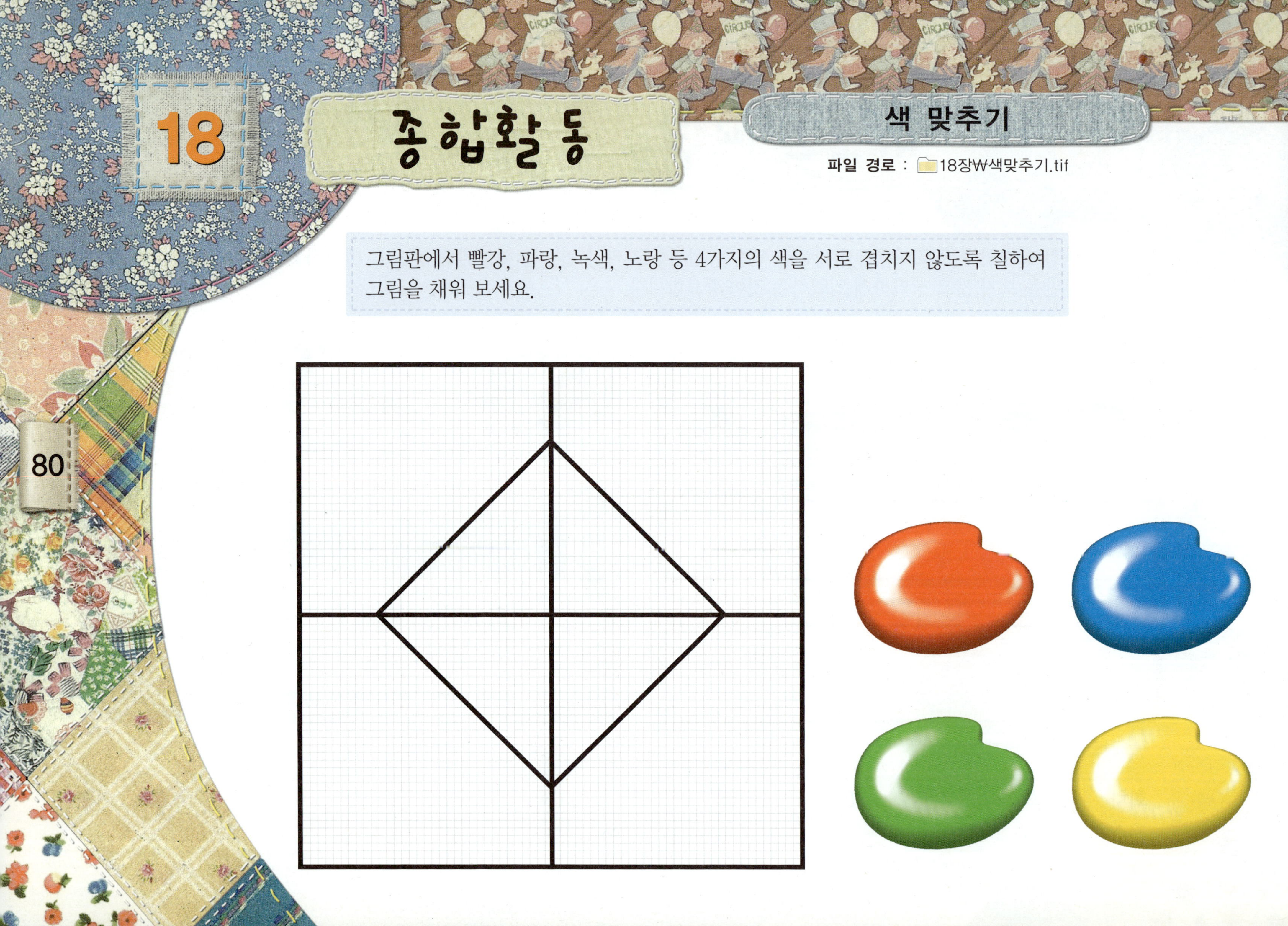

CHAPTER 19

마우스 교실–색칠하기
키보드 교실–긴글 연습2
종합활동–틀린그림찾기

학습 날짜	선생님 확인	부모님 확인
월 일		

19 마우스 교실

파일 경로 : 📁 19장₩train.tif

다리를 건너는 기차에 한칸이 터널을 통과하면서 먼지로 지워졌나봐요. 흐리게 표시된 기차 칸을 예쁘게 그리고 색칠해 보세요.

연습예제

완성예제

19 키보드 교실

긴글 연습2

한컴 타자연습 프로그램에서 짧은글 연습을 실행하고 타자 연습을 해보세요. 주변 친구들의 속도에 맞추기 보다 본인의 속도에 맞춰 손가락 운동하듯 풀어주면서 차분하게 입력하는 것이 좋습니다.

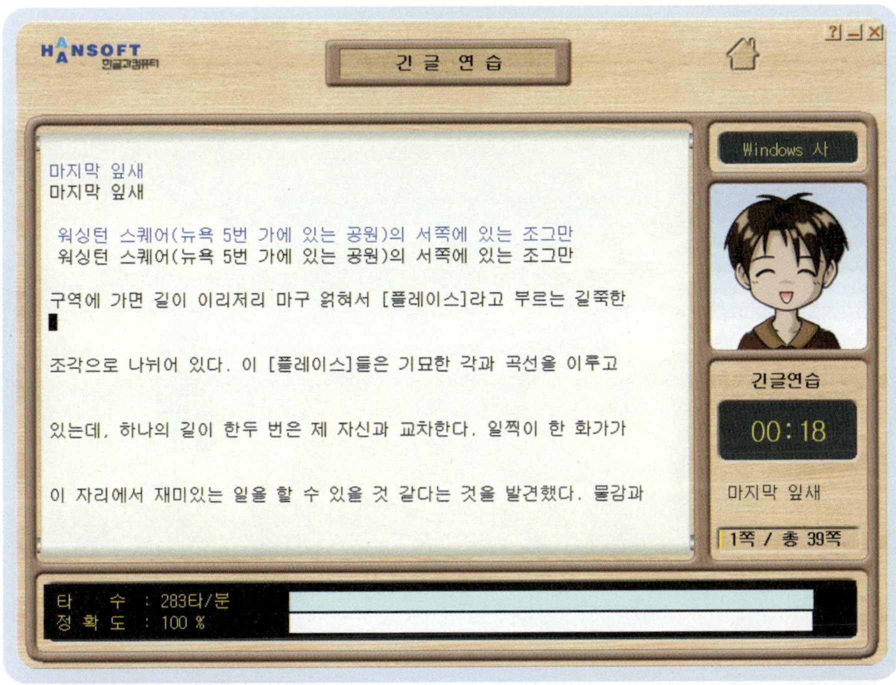

▲한글 2007 타자연습

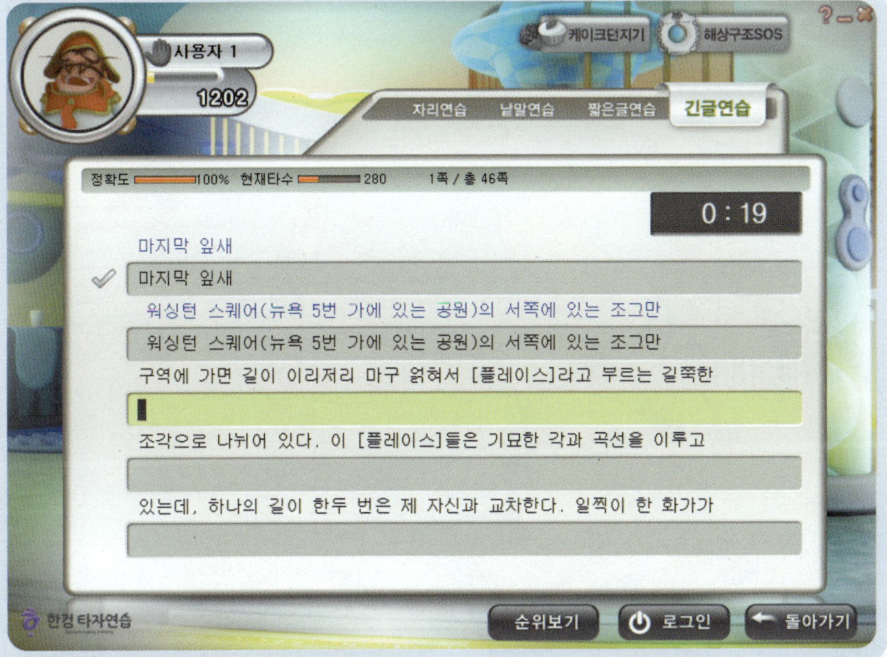

▲한글 2010 타자연습

회차	1회	2회	3회	4회	5회
점수					

종합활동

틀린그림찾기

파일 경로 : 19장₩틀린그림찾기1.ppsx

파일을 실행하고 두 개의 그림을 서로 비교하여 틀린 부분을 찾아보세요.

마우스 교실–색칠하기

키보드 교실–타자게임3(놀이)

종합활동–항구만들기

학습 날짜	선생님 확인	부모님 확인
월 일		

20 마우스 교실

파일 경로 : 20장₩car.tif

장난감 자동차를 좋아하는 동생을 위해 이번 생일 선물로 멋진 자동차를 디자인하고 예쁘게 색칠해 선물로 주면 어떨까요?

키 보 드 교 실

한컴 타자연습 프로그램에서 타자게임(놀이)를 실행하고 타자 연습을 해보세요. 키보드 자판을 보지 않고 연습하면 처음에는 느린 것 같지만 차츰 속도가 빨라지고 오타도 줄어들것입니다.

▲ 한글 2007 타자연습

▲ 한글 2010 타자연습

회차	1회	2회	3회	4회	5회	6회	7회	8회	9회	10회
점수										

20 종합활동

파일 경로 : 📁20장₩항구.pptx

파일을 열고 표시된 그림 조각을 항구 배경에 맞게 원하는 위치에 배치하여 꾸며보세요.

CHAPTER 21

마우스 교실–색칠하기
키보드 교실–짧은글 연습3
종합활동–숨은그림찾기

학습 날짜	선생님 확인	부모님 확인
월 일		

21 마우스 교실

파일 경로 : 📁21장₩boat.tif

바다를 항해하는 배가 바람이 잘 불고 있는데도 움직이지 않고 있어요. 배의 돛을 만들어 항해를 무사히 잘 마칠 수 있도록 도와주세요.

◀ 연 습 예 제 ▶

◀ 완 성 예 제 ▶

키보드 교실

한컴 타자연습 프로그램에서 짧은글 연습을 실행하고 타자 연습을 해보세요. 속도를 빨리하기 보다 키보드 자판을 보지 않고 정확하게 입력하는 것이 중요합니다.

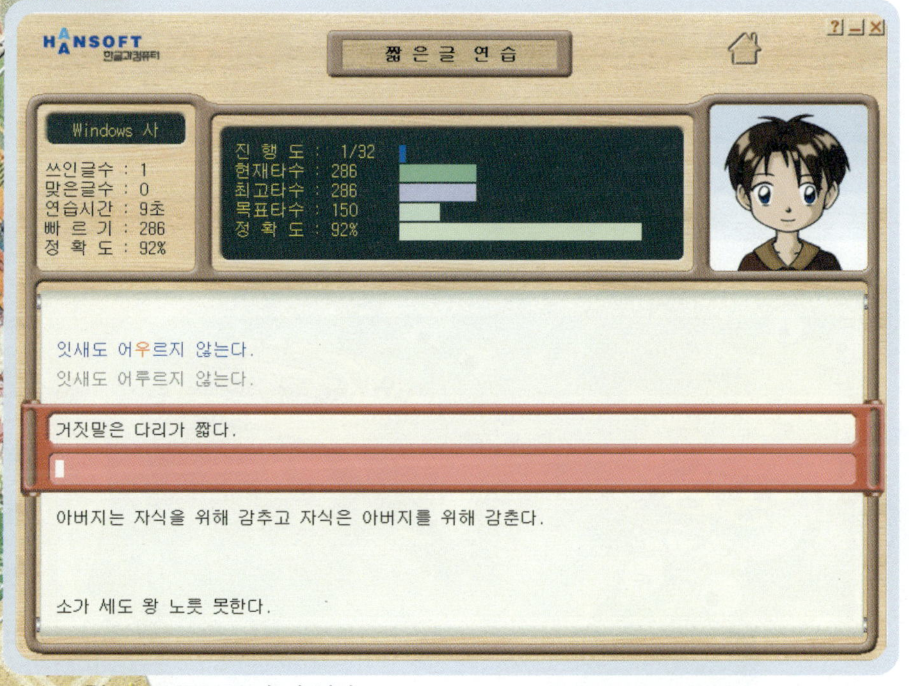

▲ 한글 2007 타자연습

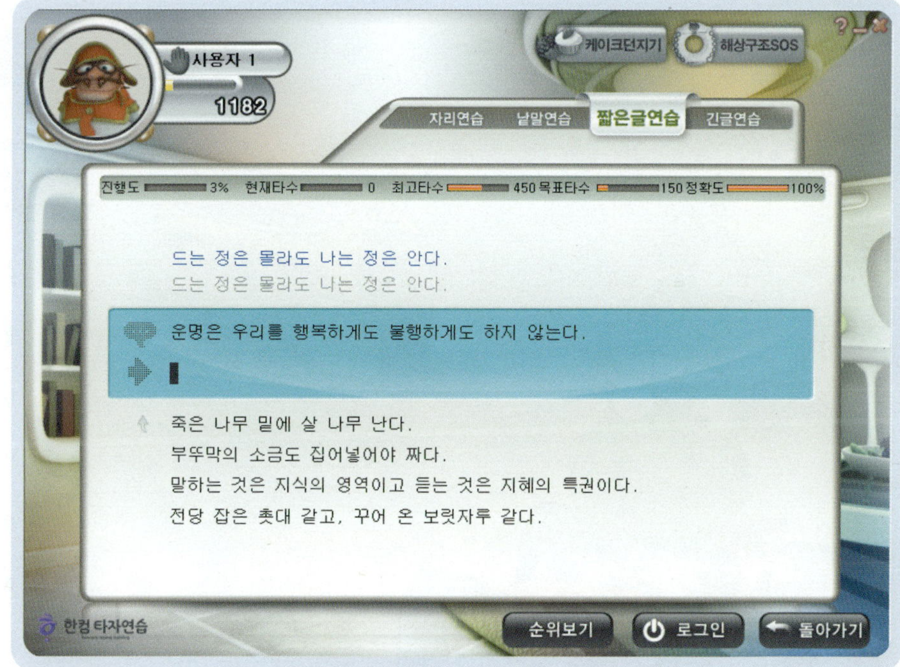

▲ 한글 2010 타자연습

회차	1회	2회	3회	4회	5회	6회	7회	8회	9회	10회
점수										

종합활동

파일 경로 : 📁21장₩숨은그림찾기2.ppsx

파일을 실행하고 그림에 숨겨진 7개의 숨은그림을 찾아보세요.

CHAPTER 22

마우스 교실–색칠하기
키보드 교실–긴글 연습3
종합활동–암기력 테스트

학습 날짜	선생님 확인	부모님 확인
월 일		

마우스 교실

파일 경로 :  22장₩icecream.tif

햇볕이 쨍쨍한 무더운 날씨에 친구와 나누어 먹을 아이스크림이 녹고 있어요.
햇님의 얼굴을 구름으로 가려 아이스크림이 더 녹지 않도록 완성해 주세요.

연습예제

완성예제

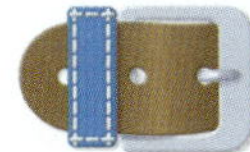

키 보 드 교 실

한컴 타자연습 프로그램에서 긴글 연습을 실행하고 타자 연습을 해보세요. 주변 친구들의 속도에 맞추기 보다 본인의 속도에 맞춰 손가락 운동하듯 풀어주면서 차분하게 입력하는 것이 좋습니다.

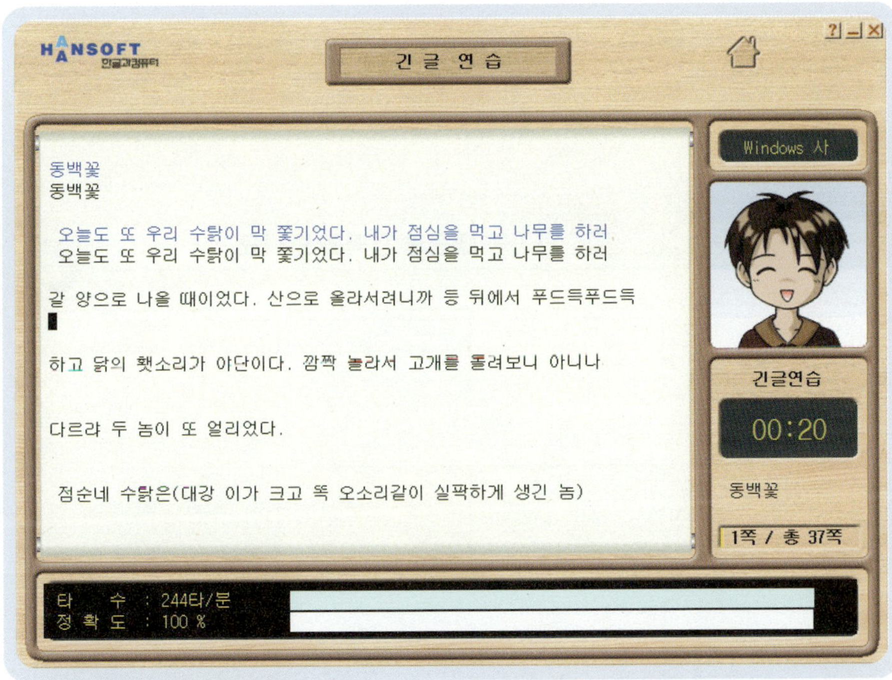

▲ 한글 2007 타자연습

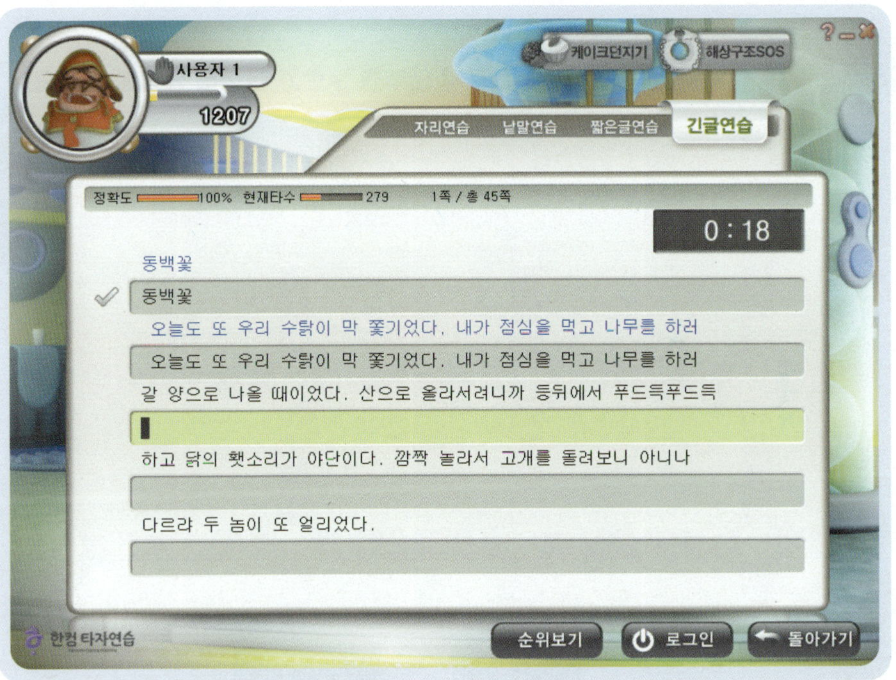

▲ 한글 2010 타자연습

회차	1회	2회	3회	4회	5회
점수					

22  종합활동

암기력 테스트

파일 경로 : 📁22장\암기력테스트2.ppsx

파일을 실행하고 카드에 숨겨진 단어를 암기 후 내용을 기록하여 몇 개나 암기할 수 있는지 테스트 해보세요.

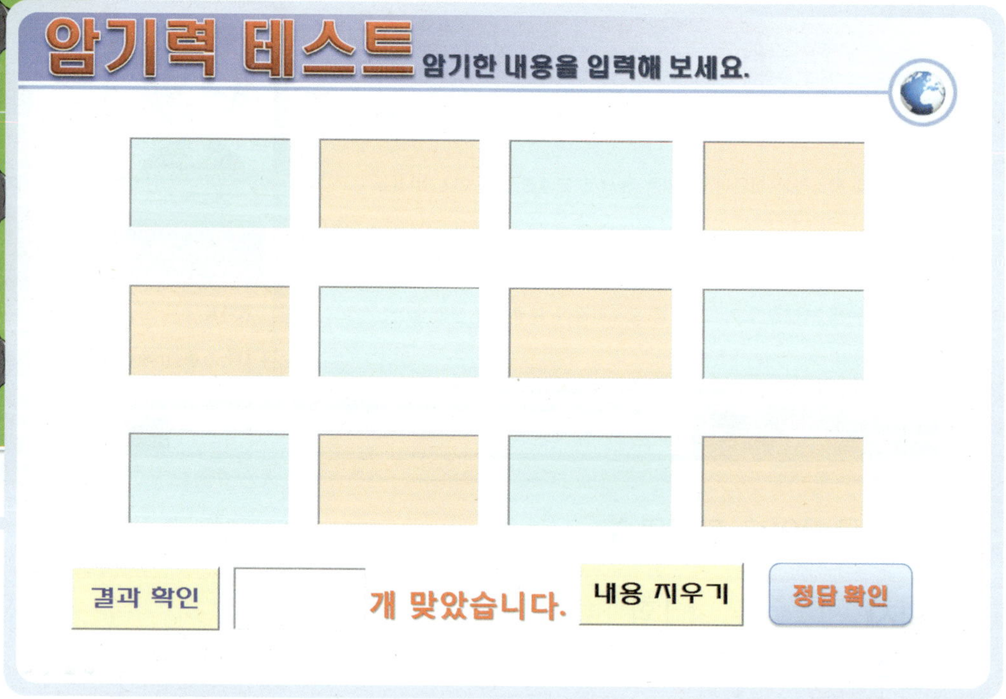

CHAPTER 23

마우스 교실–색칠하기
키보드 교실–긴글 연습4
종합활동–틀린그림찾기

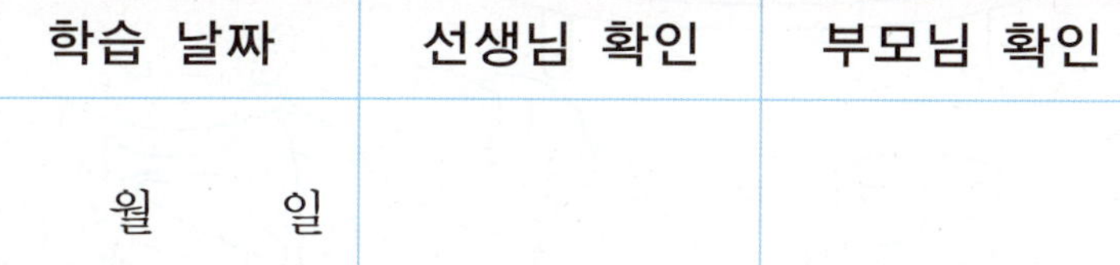

학습 날짜	선생님 확인	부모님 확인
월 일		

마우스 교실

파일 경로 :  23장₩drink.tif

친구들과 음료수를 마실려고 컵에 담고있는데 그림에 뭔가 이상한점이 있네요. 잘못된 부분이 어디인지 수정하고 예쁘게 색칠해 보세요.

연습예제

완성예제

23 키보드 교실

한컴 타자연습 프로그램에서 긴글 연습을 실행하고 타자 연습을 해보세요. 키보드 자판을 보지 않고 연습하면 처음에는 느린 것 같지만 차츰 속도가 빨라지고 오타도 줄어들것입니다.

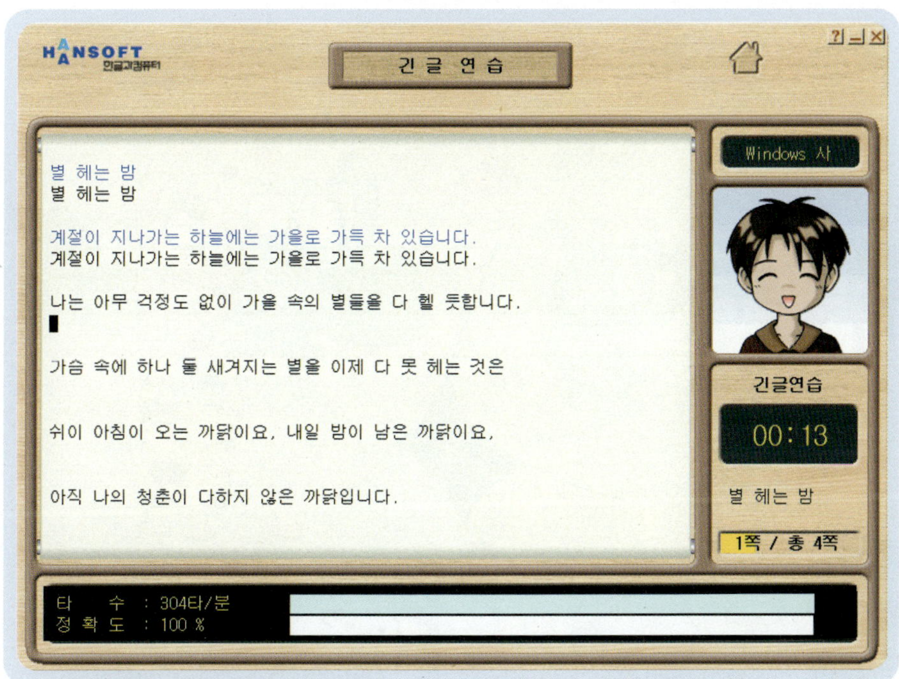

▲한글 2007 타자연습

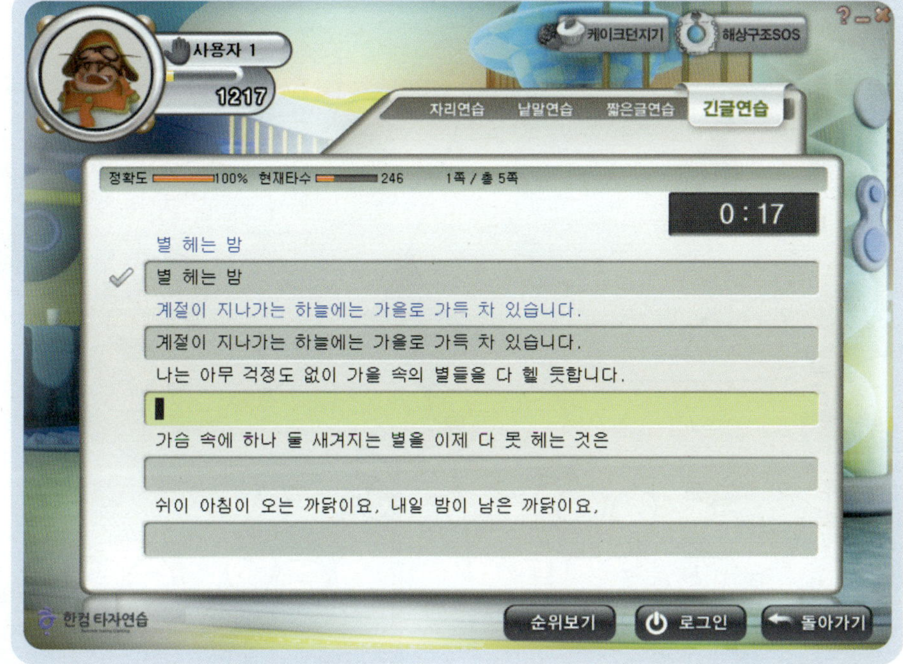

▲한글 2010 타자연습

99

회차	1회	2회	3회	4회	5회
점수					

종합활동

파일 경로 : 📁23장₩틀린그림찾기2.ppsx

파일을 실행하고 두 개의 그림을 서로 비교하여 틀린 부분을 찾아보세요.

CHAPTER 24

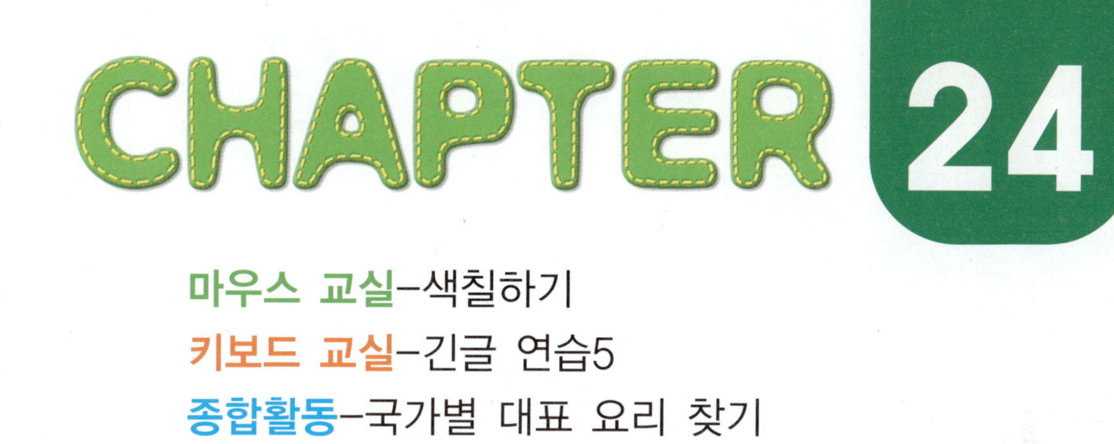

마우스 교실–색칠하기

키보드 교실–긴글 연습5

종합활동–국가별 대표 요리 찾기

학습 날짜	선생님 확인	부모님 확인
월 일		

마우스 교실

파일 경로 : 24장₩umbrella.tif

비오는 날 친구와 우산을 쓰고 가고 있는데 우산이 부러지고 찢어져 엉망이네요.
어쩌죠? 고장난 우산을 멋진 우산으로 변신해 예쁘게 색칠해 볼까요?

연 습 예 제

완 성 예 제

키보드 교실

한컴 타자연습 프로그램에서 긴글 연습을 실행하고 타자 연습을 해보세요. 주변 친구들의 속도에 맞추기
보다 본인의 속도에 맞춰 손가락 운동하듯 풀어주면서 차분하게 입력하는 것이 좋습니다.

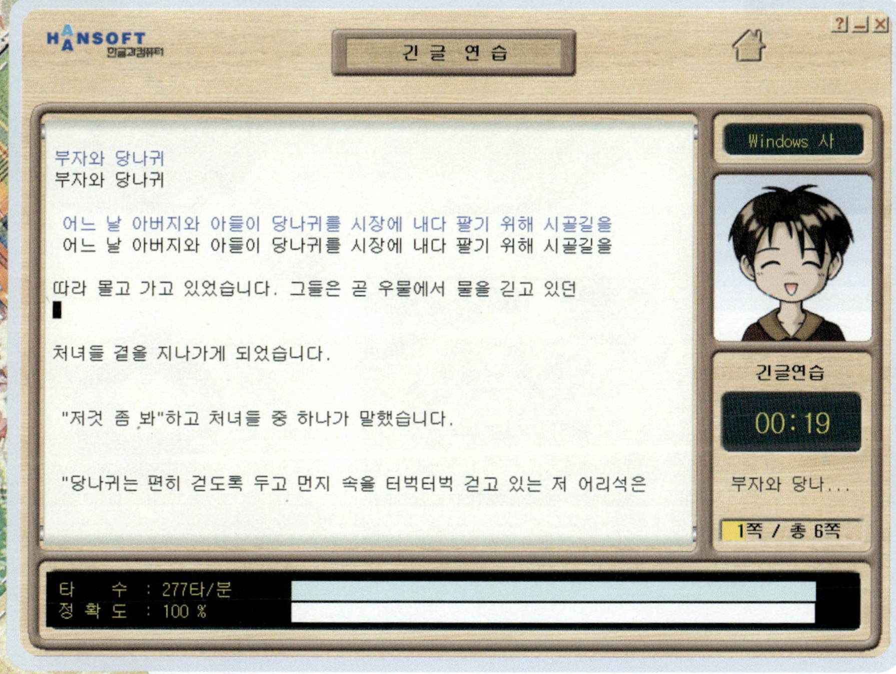

▲ 한글 2007 타자연습

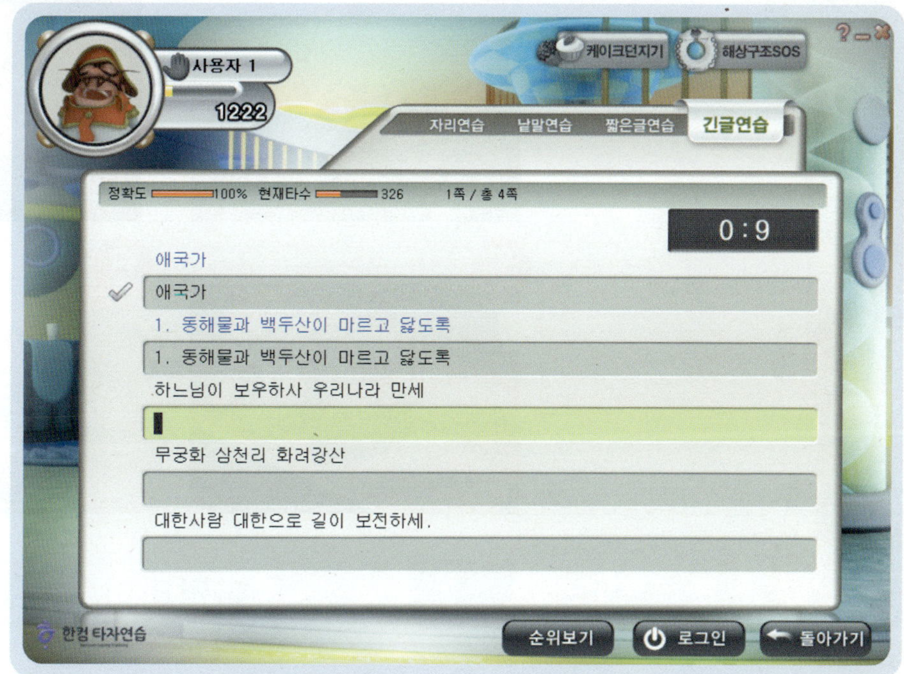

▲ 한글 2010 타자연습

회차	1회	2회	3회	4회	5회
점수					

종합활동

보기의 음식 중에서 나라별로 대표하는 요리를 찾아서 서로 묶어 보세요.

1	이탈리아	—	❶파스타, ❼피자
2		—	
3		—	
4		—	

CHAPTER 25

칠교놀이 – 거북이, 토끼, 오리, 물소,
여우, 고래, 말탄사람

※ **113페이지** 칠교놀이 도안을 오려서 활용하세요.

학습 날짜	선생님 확인	부모님 확인
월 일		

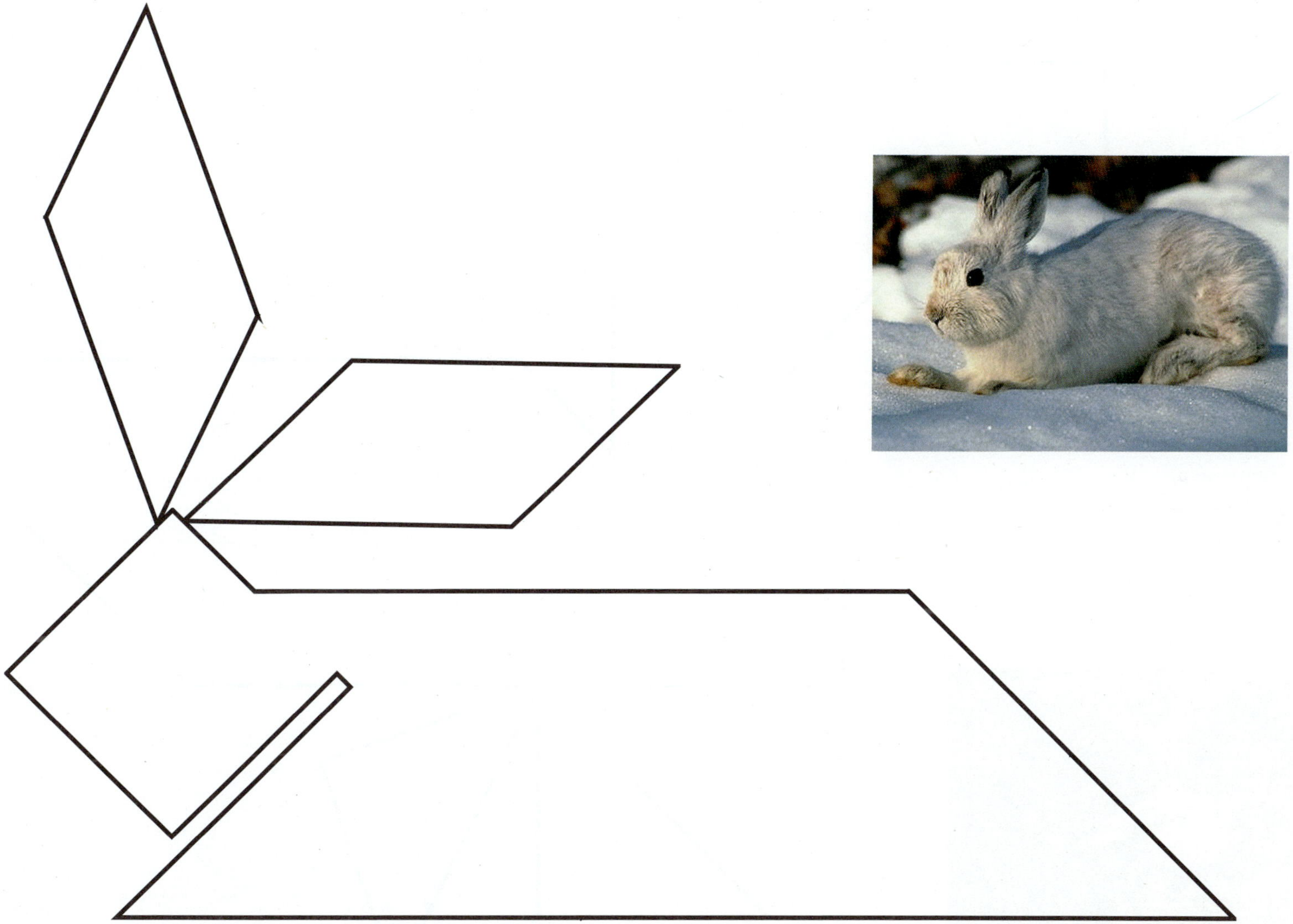

오 리

황소
109

여우

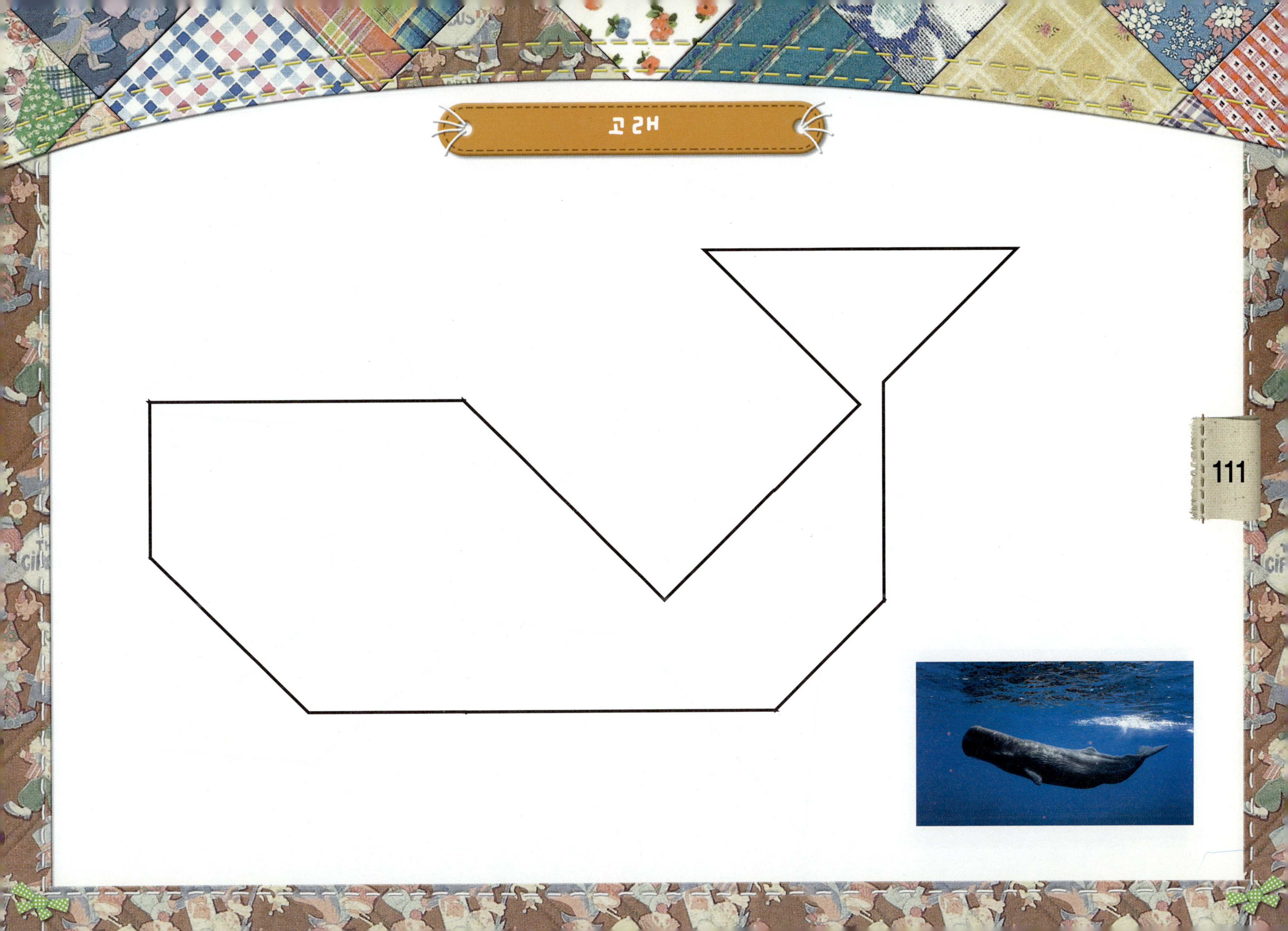

111